Cómo utilizar Jmol para estudiar y presentar estructuras moleculares

Volumen 1:
aprendiendo a usar Jmol
(niveles básico e intermedio)

Angel Herráez

Primera edición: septiembre de 2007.

ISBN 978-1-84753-710-2

A Michael Howard y Bob Hanson, así como al resto del equipo de desarrollo de Jmol, por regalar Jmol al mundo.

A Eva y M.ª Jesús, que aportaron el impulso para que este libro saliera ya a la luz.

A mis compañeros Ana, Pilar, José Carlos, Cristina, Montse y Pepe, por su apoyo constante en esta mi loca carrera.

Acerca del autor

El autor es doctor en ciencias químicas y profesor titular de bioquímica y biología molecular en la Universidad de Alcalá (Alcalá de Henares, Madrid, España). Tiene 9 años de experiencia en la elaboración de materiales docentes y de estdudio utilizando modelos moleculares en el ordenador (ubicados en http://biomodel.uah.es/). Forma parte del grupo de trabajo BioROM —un equipo interuniversitario dedicado a la creación y recopilación de materiales de ayuda para el aprendizaje de bioquímica, biotecnología y biología molecular— desde su creación en 2000 (http://www.biorom.uma.es/). Es responsable de las traducciones al español de la sede web de Jmol y de la interfaz del programa, y ha contribuido de forma significativa a los contenidos de la sede web (en inglés y español) y de la "wiki" de Jmol.

Índice de contenidos

Prefacio

El propósito de este libro es recopilar y organizar información, tanto disponible en fuentes públicas como acumulada mediante la experiencia, sobre el uso del programa informático Jmol, un visualizador interactivo de modelos moleculares tridimensionales. El principal objetivo es proporcionar una guía para quienes se inician en el aprovechamiento de este programa, sin renunciar a que pueda ser también un manual de consulta y de profundización para usuarios más avezados. Es mi esperanza que pueda ser útil a profesores, autores de materiales docentes o de divulgación, alumnos, investigadores y administradores o diseñadores de portales de información.

El criterio director seguido al diseñar este manual es evitar una descripción sistemática y pormenorizada, en un formato enciclopédico, de cada una de las posibles operaciones e instrucciones disponibles en Jmol; tal planteamiento corresponde a las "guías de referencia" oficiales del programa, accesibles por internet. Debido a la rápida evolución que está sufriendo Jmol y a que es desarrollado por voluntarios, la documentación amigable para el usuario no progresa al mismo ritmo y la que se va elaborando es más bien técnica, escueta y adecuada para quienes estén familiarizados con el programa y con lenguajes de programación en general. Además, es improbable que el usuario novel acceda a información sobre capacidades cuya existencia aún no conoce, o ignora cuál es la instrucción relevante. Teniendo en cuenta esta percepción –evidentemente personal– de la situación, así como la gran diversidad de operaciones posibles en Jmol, el libro se ha organizado en secciones orientadas con la pretensión de que sirvan para un aprendizaje y profundización progresivos, por etapas. Se comienza, pues, por las instrucciones más sencillas de usar y que previsiblemente se van a necesitar con más frecuencia, para progresivamente ir avanzando hacia las instrucciones que se usarán más raramente, o se aplican sólo en campos específicos, o bien son más difíciles de comprender y utilizar. Al mismo tiempo, he renunciado en ocasiones a explicar todas las formas posibles de hacer algo, simplificando la descripción a una sola, recomendable en mi opinión por simplicidad.

Para atender a los diversos intereses de los lectores, el libro contiene secciones dedicadas a quienes sólo precisen un uso ocasional y básico del programa, otra más avanzada que explica cómo sacar provecho al lenguaje de instrucciones –subdividida en dos niveles de acuerdo con el enfoque ya descrito, y que continúa en el volumen 2– y, finalmente, una sección no necesariamente más compleja pero que sólo necesitará quien esté interesado en la preparación de páginas web para presentar modelos a terceros –ésta subdividida en tres niveles de profundización–.

Para utilizar con provecho el manual, mi consejo es que cada uno reflexione sobre cuáles son sus objetivos y ambiciones y cuánto tiempo va a dedicar al aprendizaje y, en consecuencia, aborde sólo las secciones que precise, y lo haga paulatinamente. Hay en Jmol mucho por explorar y ensayar. Queda, obviamente, a la discreción del lector reprimir o no el impulso de estudiar todas las extensiones de una instrucción, desarrolladas en secciones posteriores y enlazadas mediante referencias cruzadas.

Los contenidos del manual se adecúan a la versión 11.2.x de Jmol. Algunas instrucciones y variantes expuestas aquí no serán válidas en versiones previas, o no actuarán como se describe. Previsiblemente, todo funcionará de forma idéntica en versiones posteriores, pero cabe la posibilidad puntual de que en alguna instrucción cambie el comportamiento predefinido.

Finalmente, recuerdo al lector la consulta de los apéndices, particularmente el índice de instrucciones, el glosario y un listado de direcciones de referencia en internet –para cuando precise ampliar información, plantear preguntas a otros usuarios o intercambiar experiencias–, incluyendo la de la sede web creada para acompañar a este libro.

Convenciones y notación utilizadas

Se utilizan tipografías especiales para las palabras que deben respetarse tal cual están escritas, las que corresponden a nombres existentes y aquéllas que indican algo que debe escribirse en su lugar.

- **Opciones existentes en el sistema** (por ejemplo, menús o botones de los programas o del sistema operativo)

- **Rutas y nombres de archivo**

- `Código fuente` (tanto HTML como JavaScript o lenguaje de instrucciones para Jmol); se suelen resaltar en negrita cuando son palabras clave que se definen por primera vez

- *Descripción que debe sustituirse con el valor deseado* (por ejemplo, donde diga *nombre de archivo*, uno podría escribir modelo1.mol; si dice *número*, uno podría escribir 5)

- *Referencia a ese dato*

- `Información variable escrita por el usuario o autor` (utilizado en ejemplos)

Con respecto al uso de palabras clave, valores numéricos, etc. en las instrucciones, consúltese también el apartado "Características comunes de las instrucciones y sus parámetros" (pág. 45).

Introducción

Hace unos 15 años comenzó a ser factible mostrar y manejar modelos de la estructura de moléculas en un ordenador personal[1]. La evolución de los equipos informáticos desde entonces ha permitido grandes avances, aumentando las prestaciones de estos programas informáticos y simplificando su uso, sin que la potencia de cálculo y de gestión de gráficos requeridas supongan ninguna limitación para los ordenadores hoy en día frecuentes en cualquier despacho, domicilio particular, maletín o mochila.

Puede preguntarse: ¿qué sentido tiene manejar un modelo molecular en el ordenador? Para cualquiera que se haya aproximado a esta parcela, la respuesta probablemente requiera poca justificación; podría resumirse en dos palabras: disponibilidad y versatilidad. Aunque existen modelos "físicos", de madera o plástico (típicamente de "bolas y varillas" o de esferas que se acoplan), la frecuencia con que los encontramos en los laboratorios y aulas es escasa; además, son caros (probablemente por la baja demanda, generando un círculo vicioso) y, más importante, son limitados: es difícil disponer de piezas para completar todas las moléculas que uno necesita construir. Estos tres problemas se solventan si el modelo se construye dentro del ordenador. Por otra parte, el modelo informatizado aporta valiosas características desde el punto de vista del estudio o análisis de la estructura. En primer lugar, se adapta perfectamente a moléculas grandes, como las proteínas y los ácidos nucleicos, no sólo porque sus piezas no se agotan, sino porque ofrece formas simplificadas de representar estas moléculas. En segundo, podemos utilizarlo tanto personalmente como frente a un público amplio, gracias a los sistemas de proyección desde el ordenador. Además, el mismo

---

[1] En 1992 David y Jane Richardson presentaron los programas MAGE y PREKIN, que funcionaban en ordenadores Macintosh. (D. C. Richardson & J. S. Richardson. The kinemage: A tool for scientific communication. *Protein Science* 1992 **1**: 3-9).

material se puede ofrecer, por ejemplo, a los alumnos para que lo revisen y examinen a su gusto en casa durante el estudio, o al mundo en general a través de las redes e internet. Finalmente, es tremendamente interesante, desde un planteamiento de avance en el conocimiento y de aprendizaje, la capacidad de interaccionar con el modelo, modificando no sólo el punto de vista o el tamaño, sino la modalidad de representación de la molécula, desde el detalle de los ángulos de enlace o el tamaño de los átomos hasta la abstracción de la trayectoria de una cadena polimérica, su plegamiento en el espacio o la forma y volumen de una molécula en su totalidad.

Frente a este panorama ideal que se acaba de trazar, no debemos descuidar la consideración de que los modelos en el ordenador pueden adolecer también de sus defectos o limitaciones. Por ejemplo, muchas personas presentan mayor o menor dificultad para la percepción tridimensional a partir de una representación plana, a pesar de los efectos de iluminación y la simulación de rotación interactiva. En todo caso, la percepción siempre será menos vívida que una sensación táctil. Y por último, en el caso del uso docente, nos enfrentamos al riesgo del "efecto videojuego": la visita de todas las pantallas en rápida sucesión sin que haya una verdadera profundización en la comprensión de la información estructural.

Los campos donde el manejo de modelos moleculares informáticos encuentra utilidad abarcan desde, por un lado, el estudio y la enseñanza de química, bioquímica, biología molecular, cristalografía, ciencia de materiales o nanotecnología hasta, por otro, diversos ámbitos de investigación, como los resultados de experimentos en cristalografía, la optimización computacional de estructuras, el estudio de los modos de vibración de las moléculas o de sus cambios conformacionales, la investigación de la estructura de biomoléculas y de las interacciones entre ellas, el análisis de centros activos, sitios de unión, contactos...

¿Cuál es el papel del programa Jmol en este ámbito? Al igual que otros varios programas existentes, Jmol permite leer datos de estructura de moléculas, obtenidos externamente por medios experimentales o teóricos, y mostrar un modelo tridimensional virtual con el que podemos interaccionar. Siendo así, ¿cuáles son las características de Jmol que pueden hacerlo adecuado para nuestros fines frente al conjunto de programas disponibles? Dos de las más llamativas podrían ser su coste –es gratuito– y la posibilidad de usarlo con cualquier sistema operativo[2]. Otras cualidades positivas son su carácter de código abierto, que avala su disponibilidad, compatibilidad y evolución en el futuro[3], la gran variedad de formatos de archivo que puede leer[4] (más que ningún otro visualizador de estructuras moleculares) y su compatibilidad con materiales preparados para otros programas de amplia implantación[5] (RasMol y Chime). Además, ofrece prestaciones específicas para áreas científicas diversas y, por último, técnicamente se presenta en tres variantes, que permiten respectivamente usarlo como un programa autónomo, integrarlo dentro de una página web e integrarlo como parte de otros programas.

No pretendemos defender que Jmol sea la maravilla universal ni denostar otros programas; en el entorno profesional, el de aquellos investigadores dedicados al estudio de la estructura molecular, Jmol es superado en prestaciones y calidad gráfica por otros programas. Sin embargo, la accesibilidad de éstos al público general –profesores incluidos– se ve limitada por el carácter comercial de la mayoría, con un elevado precio (justificado por sus prestaciones), así como en algunos casos por una mayor dificultad de uso (lo que suele denominarse la "amigabilidad" del programa). Finalmente, son pocos los programas que permitan ser integrados

---

[2] En la p. 17 se detalla la compatibilidad de Jmol con distintos sistemas operativos.

[3] En la p. 17 se explica el concepto de código abierto y se concreta cuáles son las condiciones legales de uso de Jmol.

[4] En la p. 23 puedes consultar un listado de los formatos de archivo admitidos.

[5] En la p. 43 se explica en qué consiste esa compatibilidad.

en una página web; esta utilidad puede parecer poco significativa, pero es la que faculta a los profesores, y autores de contenidos en general, para construir materiales que pueden ser usados por personas que no disponen del programa y tienen mínima o nula experiencia en su manejo.

Para avalar la apuesta por Jmol podemos también citar que es uno de los visores más frecuentes en los portales de consulta de bases de datos estructurales[6] –particularmente las de biomoléculas– y aumenta día a día el número de servicios y páginas web que lo adoptan para mostrar diversas estructuras, con propósitos tanto docentes y divulgativos como de investigación. En los últimos 3 años Jmol ha experimentado un desarrollo muy rápido, con frecuentes actualizaciones del programa y adición de nuevas prestaciones, y goza de una comunidad muy activa de programadores y usuarios, que propugna el intercambio de experiencia y así facilita el aprendizaje del programa.

---

[6] En la p. 24 se habla de las bases de datos y se indica dónde encontrarlas.

Obtención e implantación del programa Jmol

Estrictamente hablando, Jmol no necesita instalación ni configuración. Sin embargo, en esta sección expondremos una guía de iniciación para poner en uso este programa y también para poderlo incluir en las páginas web que creemos.

Obtención del programa o aplicación Jmol y de la miniaplicación JmolApplet

Jmol es un programa libre y de código abierto. Esto significa que cualquiera puede conseguirlo y usarlo, acceder a su código fuente, modificarlo o desarrollar otros programas que lo utilicen, siempre que para los nuevos productos así generados se sigan manteniendo idénticas condiciones. En lo que atañe a este manual, y sin entrar en detalles técnicos y legales (desarrollados en el documento de licencia de uso, de tipo GNU-LGPL), bastará decir que Jmol se puede descargar, usar, copiar y distribuir gratuitamente. Las páginas web que desarrollemos contendrán los archivos de Jmol, y el único requisito legal es que incluyamos con ellos los archivos que explican estas condiciones.

Jmol está escrito usando el lenguaje Java, por lo que requiere que el ordenador tenga instalado Java[1]. Esto aporta la gran ventaja de que Jmol funciona en cualquier sistema operativo que admita Java (Windows, MacOS y Linux, entre otros).

La forma más sencilla de instalar o actualizar Java es visitar la página http://www.java.com/ y seguir las instrucciones.

Para obtener más información y para descargar Jmol, visita su sede web, http://www.jmol.org/. Hay también información, más específica, en la página Wiki de la comunidad de usuarios, http://wiki.jmol.org/.

Es importante que distingamos entre las distintas modalidades de Jmol. Por un lado, hay un programa autónomo, la "aplicación"

Jmol, que se ejecuta en su propia ventana como cualquier otro programa instalado en el ordenador. Por otra parte, tenemos la "miniaplicación" JmolApplet, que sólo se puede usar insertada en una página web. Por lo demás, sus características y funcionalidad son casi idénticas. En tercer lugar, aunque no hablaremos de ello en este manual, existe una versión de Jmol en forma de biblioteca que puede ser integrada en otros programas, denominada JmolViewer.

El programa completo se obtiene en forma de un paquete comprimido (a elegir entre formato **tar.gz** y formato **zip**), habitualmente desde la sede web, www.jmol.org. Debes descomprimirlo en tu disco duro, con lo que aparecerán estos archivos:

Jmol.jar	El programa autónomo o aplicación Jmol.
Jmol.js	La biblioteca de funciones escrita en JavaScript, que facilita la escritura de páginas web que usen la miniaplicación.
JmolApplet.jar	La miniaplicación JmolApplet, en una sola pieza.
JmolApplet0.jar y otros archivos cuyo nombre comienza por **JmolApplet0** y termina por **.jar**	La miniaplicación JmolApplet, dividida para acelerar su carga.
JmolAppletSigned.jar	Las versiones "firmadas" de los anteriores.
JmolAppletSigned0.jar y otros archivos cuyo nombre comienza por **JmolAppletSigned0** y termina por **.jar**	Esto es una cuestión de criterios de seguridad de Java: la miniaplicación firmada puede acceder a archivos de otra parte de nuestro disco duro y de otros servidores web, una vez que la hayamos autorizado.

COPYRIGHT.txt LICENSE.txt README.txt LEAME.txt	Archivos con información del paquete Jmol, los términos de uso, de copia y distribución.
jmol jmol.bat jmol.mac jmol.sh	Archivos para abrir el programa bajo diferentes sistemas operativos.

Para los propósitos que cubre este manual, sólo necesitas preocuparte de los archivos cuyo nombre se ha recuadrado. Para satisfacer legalmente las condiciones de la licencia GNU-LGPL, debes incluir además en cualquier distribución que hagas los cuatro archivos de información.

Nota 1: La terminología de Java es bastante confusa; la instalación de Java recibe distintos nombres:

- "máquina virtual de Java" o JVM (*Java Virtual Machine*)
- "entorno de ejecución de Java" o JRE (*Java Runtime Environment*)
- "Java plugin"

Normalmente, no necesitas instalar el JDK (*Java Development Kit*); éste sólo es necesario si quieres desarrollar tus propios programas en Java.

Preparativos para usar Jmol

De acuerdo con lo descrito anteriormente, hay dos posibles entornos de uso de Jmol:

- Aplicación **Jmol**: como programa autónomo, principalmente para un uso personal, estudiando diversos aspectos de la estructura de las moléculas. Es también útil para hacer pruebas durante el desarrollo de páginas web.

- Miniaplicación **JmolApplet**: para la elaboración de páginas web que serán eminentemente usadas por otros. Una situación destacable es el desarrollo de materiales docentes o divulgativos.

Preparación para usar el programa autónomo o aplicación Jmol

Para este uso, sólo es necesario el archivo **Jmol.jar**, contenido en el paquete Jmol descargado. Normalmente, para ejecutarlo bastará con hacer doble clic sobre él, pues el sistema operativo ya tendrá asociados los archivos **jar** a la versión instalada del entorno de ejecución de Java. De todos modos, dado que no existe un procedimiento de instalación de Jmol como programa típico (por ejemplo, no aparecerá en el menú Inicio > Programas), describimos a continuación algunos trucos que permiten un uso más cómodo.

Creación de un acceso directo al programa Jmol

(Esta descripción corresponde al sistema operativo Windows)

Localiza la carpeta donde descomprimiste el paquete Jmol; en ella, encuentra el archivo **Jmol.jar** y crea un acceso directo a éste (por ej., mediante el menú del botón derecho del ratón); puedes luego colocar ese acceso directo donde te guste (escritorio de Windows, menú de programas, etc.).

Asociación de los archivos de modelos al programa Jmol

(Esta descripción corresponde al sistema operativo Windows)

Del mismo modo que se indica aquí para los archivos **pdb**, se puede hacer para otras extensiones (**mol**, **xyz**, **cml**...) que Jmol admite.

En el explorador de Windows (o administrador de archivos), elige el menú Herramientas > Opciones de carpeta > Tipos de archivo > pdb > Opciones avanzadas > Acciones > Nueva >

- En Acción escribe, por ejemplo:
  abrir con Jmol

- En Aplicación utilizada escribe:

  "C:\Archivos de programa\Java\bin\javaw.exe" -jar
  "C:\Archivos de programa\Jmol\Jmol.jar" "%1"

  todo en una misma línea, incluidas las comillas y sustituyendo **C:\Archivos de programa\Java** por la ruta concreta donde está instalado Java en tu ordenador, y **C:\Archivos de programa\Jmol** por la ruta donde hayas descomprimido el paquete Jmol (o donde hayas decidido colocar **Jmol.jar**).

Preparación para usar la miniaplicación JmolApplet

Copia el archivo **Jmol.js** y todos aquéllos cuyo nombre comienza por **JmolApplet0** a la carpeta raíz de lo que será tu sitio web.

Continúa con las instrucciones del apartado "Inclusión de modelos Jmol en una página web" (p. 99).

Durante el diseño de tus páginas web, querrás trabajar los modelos hasta elegir la forma como los mostrarás en las páginas, probar el efecto de instrucciones, etc. Para ello puede resultarte más cómodo usar la aplicación.

Obtención de modelos moleculares

Los "modelos moleculares" virtuales en el ordenador son representaciones tridimensionales construidas por Jmol (o programas similares) a partir de archivos de coordenadas moleculares, que contienen la identificación de todos los átomos de la molécula y sus coordenadas en el espacio.

Existen diferentes formatos para indicar esa información en un archivo de coordenadas moleculares. Gracias a que Jmol es de código abierto, se ha ido ampliando para reconocer todos esos formatos (si alguien conoce un formato nuevo, puede contribuir añadiéndolo o solicitar al equipo de desarrollo de Jmol que lo haga). La capacidad de Jmol para interpretar el archivo depende de su contenido, no de la extensión que tenga.

Los archivos de coordenadas son habitualmente archivos de texto plano, aunque es frecuente comprimirlos utilizando el formato **gzip**, que es interpretado y descomprimido automáticamente por Jmol.

Los formatos usados con más frecuencia son **pdb** para macromoléculas (proteínas y ácidos nucleicos) y **mol** o **xyz** para moléculas pequeñas. Ésta es una lista más o menos completa de formatos admitidos por Jmol:

- **ADF**: archivos de Amsterdam Density Functional
- **Agl**: archivos XML de ArgusLab
- **C3XML**: archivos XML de Chem3D
- **CIF / mmCIF**: crystallographic information file y macromolecular crystallographic information file, formatos normalizados de la *Unión Internacional de Cristalografía*
- **CML**: chemical markup language (lenguaje químico de marcado)
- **CSF**: estructura química de Fujitsu CAChe y Fujitsu Sygress
- **CTFile**: tabla química de *Elsevier MDL*

- **GAMESS**: formato de salida de General Atomic and Molecular Electronic Structure System, *Gordon Research Group, Iowa State University*
- **Gaussian** 94/98/03, formato de salida, *Gaussian, Inc.*
- **HIN**: HyperChem de *Hypercube, Inc.*
- **Jaguar** de *Schrodinger, LLC*
- **MM1GP**: mecánica molecular de Ghemical
- **MOL**: estructura, de *Elsevier MDL*
- **MOL2**: estructura, de Sybyl
- **MOLPRO**: formato de salida XML de Molpro
- **MOPAC**: formatos de salida mopout y graphf de MOPAC 93/97/2002/2007 (dominio público)
- **NWCHEM**: formato de salida de NWChem, *Pacific Northwest National Laboratory*
- **Odydata**: datos de Odyssey, *WaveFunction, Inc.*
- **PDB**: formato normalizado de Protein Data Bank, de *Research Collaboratory for Structural Bioinformatics*
- **QOUT**: de *Q-Chem, Inc.*
- **SDF**: estructura (con varios modelos) de *Elsevier MDL*
- **SHELX**: *Structural Chemistry Department, University of Göttingen* (Alemania)
- **SMOL**: datos de Spartan, *Wavefunction, Inc.*
- **Xodydata**: datos XML de Odyssey, *WaveFunction, Inc.*
- **XYZ**: archivo XMol de *Minnesota Supercomputer Institute*
- **XYZ+vib**: formato XYZ con información de vectores de vibración
- **XYZ-FAH**: archivo XYZ del proyecto Folding@home

Modelos desde bases de datos

Para obtener los archivos de coordenadas, lo más común es acudir a las bases de datos de estructura de moléculas; la adecuación de cada una depende del área de trabajo (bioquímica, química orgánica, inorgánica, cristalografía, etc.). Puedes consultar un listado de bases de datos y enlaces a ellas en la sede web asociada a este manual.

Modelos desde páginas web

Una segunda opción es copiar un modelo desde una página web que lo muestra (habitualmente, usará para ello la miniaplicación Jmol o el conector MDL Chime). En este caso, es importante consultar y respetar los derechos de autor de la página original.

Si el modelo se muestra empleando Chime, basta hacer clic con el botón derecho del  ratón (o mantener pulsado el botón único en MacOS), con lo que aparece el menú de Chime, en el que se debe elegir **File** > **Save molecule as...** y podremos elegir lugar y nombre con los que se guardará el archivo (usando el formato original).

Si el modelo se muestra usando Jmol, debemos abrir el menú emergente (haciendo clic mientras se mantiene pulsada la tecla **Ctrl**, o haciendo clic con el botón derecho, o clic sobre el logotipo inferior derecho "**Jmol**"). A continuación, debe elegirse la primera opción (que muestra el título del modelo) y, de las emergentes, la última (**Mostrar** seguido del nombre del archivo). Entonces, dependiendo de cómo esté configurado el navegador en ese ordenador, ocurrirá una de estas tres cosas: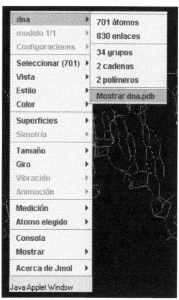

- se obtendrá un diálogo del tipo "abrir o guardar";

- se abrirá el modelo utilizando el programa predefinido:

  - si es RasMol: debes abrir el menú **Archivo** > **Guardar**, o **File** > **Save**;

  - si es Chime: más arriba se ha indicado el método;

- se abrirá el archivo de coordenadas como texto dentro del navegador; en ese caso, basta con usar el menú del navegador, **Archivo > Guardar como > Archivo de texto** y asegurarse de que tenga una extensión correcta (**mol**, **pdb**, **xyz**...) para luego identificarlo con más facilidad.

Generación de modelos

Es posible crear modelos moleculares de moléculas sencillas empleando diversos programas de dibujo de fórmulas químicas y de optimización conformacional. Como ejemplo de un programa gratuito (sólo para entorno Windows) que permite con facilidad trazar fórmulas y convertirlas en un modelo tridimensional plausible, podemos mencionar y recomendar *ChemSketch Freeware*, de ACD/Labs (Advanced Chemistry Development Inc.; http://www.acdlabs.com/). Además de un uso sencillo e intuitivo, ofrece la ventaja de contar con una amplia biblioteca de fórmulas prediseñadas, a partir de las cuales con pequeñas modificaciones es sencillo conseguir la molécula deseada. Posee un algoritmo de optimización tridimensional tras la cual el modelo se puede guardar en formato **mol**, leído por Jmol.

Manejo básico del programa desde la interfaz

Idioma de la interfaz

Una de las características ventajosas de Jmol –consecuencia de su carácter de código abierto– es la disponibilidad de la interfaz de usuario en diversos idiomas. Java se encarga de elegir automáticamente el idioma que coincida con el sistema operativo, pero es posible forzar otro:

- Desde el menú emergente (cuyo uso se explica en p. 34), la penúltima entrada es **Idioma** y ofrece una lista de los disponibles (hasta ahora, alemán, catalán, checo, español, estonio, francés, inglés, neerlandés, portugués, portugués de Brasil y turco). Su efecto es inmediato (puede demorarse un poco porque el programa debe cargarse de nuevo), pero no es recomendable abusar de los cambios pues pueden bloquear el sistema.

- Desde la consola de guiones, desde un archivo de guión o desde una página web está disponible la instrucción

    `language = ` $\boxed{código}$

    usando el *código* de idioma normalizado de 2 caracteres (`es`, `en`, `fr`, `pt`, `de`...)

- Al iniciar el programa autónomo desde una línea de instrucciones, se puede utilizar el parámetro `-Duser.language=` seguido del código de idioma de 2 caracteres; por ejemplo:

    `java -Duser.language=es -jar Jmol.jar`

    para español.

- El mismo resultado de la opción anterior, pero para la miniaplicación, se consigue de forma permanente modificando las opciones de Java:

    1. abre el panel de control de Windows;

    2. busca el icono **Java** (puede estar dentro del grupo **Otras opciones de Panel de Control**) y haz doble clic;

    3. en la pestaña **Java**, elige **Config. de tiempo de ejecución de Java Applet**. En la fila **JRE** correspondiente a la última versión, haz clic sobre la casilla de texto situada bajo **Parámetros** y escribe `java -Duser.language=es`

Menú superior

Este menú, situado en la parte superior de la ventana de la aplicación (o programa autónomo),  ofrece un número limitado de prestaciones. La mayoría están duplicadas en el menú emergente, por lo que no se describen aquí; nos centraremos en las acciones exclusivas de la aplicación, no disponibles en el menú emergente.

Apertura de archivos

Archivo > Abrir y **Archivo > Abrir URL** permiten cargar un modelo molecular o un archivo de guión, bien desde un disco local o desde una dirección de internet.

Grabación de archivos

Archivo > Exportar > Exportar imagen o guión permite grabar a disco una instantánea de la vista actual del modelo (una imagen en color de 24 bits, en formato **jpg**, **png** o **ppm**), o bien exportar el estado actual del modelo en forma de un archivo de guión (con extensión **spt** por defecto). El archivo de guión se puede cargar más tarde empleando Archivo > Abrir, y devolverá el modelo con el mismo aspecto y orientación.

Archivo > Exportar > Preparar para POV-Ray permite grabar a disco un archivo legible por el programa POV-Ray (trazado de rayos, gráficos vectoriales tridimensionales de alta calidad).

Archivo > Exportar > Exportar PDF permite grabar a disco una instantánea de la vista actual del modelo en formato **pdf** (*Portable Document Format* de Adobe).

Copiado de información

Editar > Copiar imagen copia al portapapeles una instantánea de la vista actual del modelo (que se podrá pegar a continuación en cualquier programa que acepte imágenes).

Otras funciones

Archivo > Guión abre una ventana, la "consola de instrucciones", en la cual podemos escribir instrucciones del lenguaje de Jmol, así como obtener información del modelo. Su uso se describe más adelante (secciones dedicadas al lenguaje de instrucciones).

Archivo > Nuevo abre una nueva ventana del programa, vacía.

Archivo > Cerrar o Archivo > Salir cierran la ventana de Jmol.

Ratón y teclado

Manejo básico

El manejo del ratón, de uno o varios botones, junto con algunas teclas (mayúsculas o ⇧, Ctrl, Alt) es el método básico y más rápido para mover y orientar el modelo molecular. La figura siguiente resume las acciones disponibles. Puedes ver que todas las acciones se pueden conseguir, tenga tu ratón 3, 2 o solo un botón.

	botón principal (izquierdo)	botón central	botón secundario (derecho)
Rotar en torno a X,Y	arrastra		
Rotar en torno a Z	↔ pulsa Mayús. mientras arrastras en horizontal	↔ arrastra en horizontal	↔ pulsa Mayús. mientras arrastras en horizontal (puede que falle en los Mac)
Reducir o ampliar	↕ pulsa Mayús. mientras arrastras en vertical	↕ arrastra en vertical	
	o usa la rueda del ratón		
Mover a lo largo de X,Y (= trasladar)	⊕ pulsa Mayús. mientras haces doble clic y arrastras en el segundo clic	⊕ haz doble clic y arrastra en el segundo clic	⊕ pulsa Ctrl mientras arrastras
	el clic puede hacerse tanto sobre la molécula como fuera de ella		
Restaurar y centrar	pulsa Mayús. mientras haces doble clic	haz doble clic	
	el clic debe hacerse fuera de la molécula		
Abrir menú de Jmol	pulsa Ctrl mientras haces clic o haz clic sobre el logotipo Jmol		haz clic

Por otro lado, si se "posa" el puntero sobre uno de los átomos (se deja quieto un momento), aparecerá un recuadro flotante con su identificación.

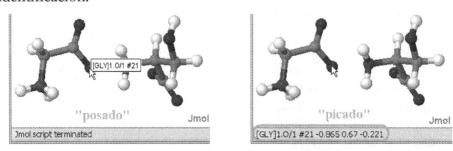

Si se "pica" sobre el átomo (se pulsa, se hace clic), su identificación y sus coordenadas aparecen en la consola de guiones[1] (aplicación y miniaplicación); en el caso de la miniaplicación, la misma información se muestra habitualmente en la línea de estado del navegador (parte inferior de la ventana)[2].

Nota 1: éste es el comportamiento predefinido, pero puede alterarse si se han usado las opciones de menú **Medición** o **Átomo elegido** o la instrucción set picking.

Nota 2: la aparición de texto en la línea de estado puede estar bloqueada dependiendo de la configuración del navegador.

Opciones avanzadas

Muchas de estas posibilidades dependen de haber aplicado previamente instrucciones del lenguaje de Jmol en la consola o en un guión incluido en una página web. Sus detalles se explican en las secciones dedicadas al lenguaje de instrucciones, bien aquí o en el volumen 2.

Identificación de átomos

Como se indicado más arriba, posando el puntero o picando se obtiene información de cada átomo. La información precisa que se muestra al posar el puntero puede controlarse, o suprimirse por completo, desde la consola de guiones o desde una página web mediante la instrucción **hover** (descrita en el volumen 2).

Picado

La acción predeterminada al hacer clic con el ratón sobre un átomo es identificarlo, como se ha comentado. Sin embargo, es posible sustituirla por otras muchas, bien con el menú Átomo elegido o Medición o con la instrucción **set picking** (descrita en el volumen 2). Por ejemplo:

- mostrar distancias, ángulos o torsiones
- aplicar etiquetas
- trazar líneas monitoras
- seleccionar el átomo o bien el residuo, cadena o molécula a los que pertenece
- seleccionar todos los átomos del mismo elemento
- definir el átomo como nuevo centro de rotación del modelo (y, opcionalmente, centrarlo en el panel)
- modificar objetos dibujados
- hacer que la molécula gire en torno a un eje interno

De todas estas opciones, una está disponible directamente sin necesidad de menú ni guiones: la medición de distancias, ángulos y torsiones, compuesta de trazado de líneas monitoras y etiquetado con la medición (estos conceptos se explican en p. 93). Para ello, se debe hacer doble clic en un átomo para comenzar la medición y doble clic en un átomo para terminarla. Entre esos dos eventos se muestran líneas y mediciones provisionales (llamadas "goma elástica"[1], porque siguen al puntero); las etapas del proceso de medición son:

1. Doble clic en el átomo inicial.
2. Una goma elástica se extiende desde ese átomo hasta el puntero, hasta que éste se pose sobre otro átomo, momento en el que se muestra la medición provisional.
3. Si se hace doble clic en el segundo átomo, la línea monitora y la medición de distancia quedan fijadas, y termina el proceso de medición.
4. Si se hace un solo clic en el segundo átomo, la medición provisional continúa para ángulos, con una nueva goma elástica.
5. Si se hace doble clic en el tercer átomo, la línea monitora y la medición de ángulo quedan fijadas, y termina el proceso.
6. Si se hace un solo clic en el tercer átomo, la medición provisional continúa para torsiones (ángulos diedros), con una nueva goma elástica.
7. La medición provisional de torsiones continúa hasta que se haga doble clic en un cuarto átomo, quedando entonces fijadas la línea monitora y la medición de torsión.

Nota 1: en inglés, *rubberband*; por defecto, es de color fucsia, pero se puede cambiar con la instrucción `color rubberBand`. Una vez fijada la medición, se convierte en blanco o negro, el que contraste con el fondo (o bien el color establecido usando `color measures`).

Sección del modelo

Es posible hacer secciones o cortes (*slabbing*) a través del modelo, con el fin de ocultar lo que queda por delante —o por detrás— del plano de corte y así apreciar detalles de la parte interna de la molécula. Este modo especial requiere una activación previa desde la consola o desde un guión incluido en página web, mediante la instrucción **slab on** (volumen 2). Una vez activada la sección, existen dos planos de corte, delantero y trasero, que se pueden desplazar con instrucciones **slab** y **depth** o bien mediante el ratón, según se describe en la figura.

	botón principal (izquierdo)	botón central	botón secundario (derecho)
Sólo funcionan tras una instrucción s1ab on:			
Seccionar desde el frente	⊞ ↕ pulsa Ctrl y Mayús. mientras arrastras en vertical ▓		
Seccionar desde atrás	⊞ ↕ pulsa Ctrl y Mayús. mientras haces doble clic y arrastras en el segundo clic en vertical ▓		
Desplazar la sección (manteniendo constante su grosor)	⊞ ↕ pulsa Alt, Ctrl y Mayús. mientras arrastras en vertical ▓		
▓ *Si falla en un Mac, prueba pulsando primero el botón del ratón, luego pulsar las teclas, luego arrastrar*			

Giro sobre ejes internos

Con el ratón se puede activar la rotación continua del modelo alrededor de un eje interno, definido por una línea dibujada previamente con la instrucción draw.

• Al hacer clic sobre un extremo de la línea, la molécula comienza a rotar (en sentido antihorario visto desde ese extremo).

• Si se hace clic sobre el otro extremo, rota en sentido contrario (también sentido antihorario, pero visto desde el otro extremo).

• La rotación se detiene haciendo clic de nuevo sobre uno cualquiera de los extremos.

• El sentido de giro es horario si se mantiene pulsada la tecla de mayúsculas mientras se hace clic.

Navegación por el modelo

El modo de navegación supone un funcionamiento especial de movimiento y perspectiva en el que es posible desplazarse por el interior del modelo, perdiendo de vista lo que se ha dejado atrás; es algo similar a los sistemas de realidad virtual. Una vez activado, se utiliza el teclado para "navegar". Por su carácter especializado, no se describe en este manual; hay una descripción técnica detallada en la documentación oficial de guiones interactivos y en http://chemapps.stolaf.edu/jmol/docs/misc/navigation.pdf

Menú emergente

Este menú es común a la aplicación y la miniaplicación, y ofrece una amplia diversidad de opciones (aunque no alcanza la potencia completa que ofrece el lenguaje de instrucciones a través de la consola de guiones).

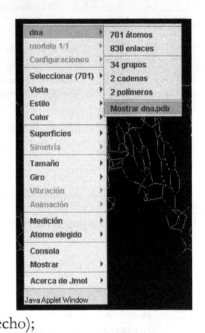

Hay 3 modos de abrir este menú:

- **"clic derecho"**: sitúa el puntero del ratón sobre cualquier parte del panel de Jmol y pulsa el botón secundario del ratón (habitualmente, el botón derecho);

- **"clic en logotipo"**: sitúa el puntero del ratón sobre el logotipo **Jmol**, en la esquina inferior derecha del panel, y pulsa el botón principal del ratón (habitualmente, el botón izquierdo);

- **"Ctrl+clic"**: sitúa el puntero del ratón sobre cualquier parte del panel de Jmol, aguanta la tecla **Ctrl** y pulsa el botón principal del ratón (habitualmente, el botón izquierdo)

(los métodos 2° y 3° permiten el uso de Jmol con ratones de un solo botón, frecuentes en ordenadores Macintosh)

No nos extenderemos aquí en la descripción de este menú, pues es bastante intuitivo y autoexplicativo; tan sólo reseñaremos someramente las operaciones que previsiblemente serán más frecuentes.

Nota: Si quieres explorar los detalles y posibilidades de cada una de las opciones del menú emergente, sigue este método: abre la consola de guiones (menú superior > **Archivo** > **Guión** o bien menú contextual > **Consola**), actúa con el menú y pulsa la tecla de flecha hacia arriba; aparecerá en la consola la última instrucción ejecutada en Jmol, que corresponde a esa opción del menú; para detalles adicionales sobre las instrucciones usadas, consulta el apartado correspondiente en las secciones dedicadas a describir las instrucciones del lenguaje de Jmol.

Información de la molécula

Una vez cargado un archivo de modelo molecular, el programa nos ofrece información sobre su composición:

- El elemento superior del menú muestra el nombre de la molécula y el n° de átomos, enlaces, grupos, cadenas y polímeros que contiene.

- El submenú **Modelo** muestra información en el caso de archivos multimodelo, o si se han cargado varios archivos.

- El submenú **Configuraciones** ofrece, en su caso, las posiciones alternativas de algunos átomos[1].

- El submenú **Seleccionar** incluye el n° de átomos seleccionados en ese momento.

- El submenú **Seleccionar** > **Elemento** proporciona una lista de los elementos químicos constituyentes del modelo

- El submenú **Seleccionar** > **Proteína** / **Ác. nucleico** proporciona una lista de los nombre de residuo componentes[1].

- El submenú **Seleccionar** > **Hetero** > **Por código HETATM** proporciona una lista de los grupos prostéticos componentes[1].

Nota 1: sólo en archivos de formato **pdb** o equivalente, para moléculas que incluyan esa información.

Estilo de los átomos

Los átomos se representan mediante esferas, cuyo tamaño de referencia es el radio de van der Waals de cada elemento[1].

- **Estilo > Patrón > Esferas CPK** representación de tamaño completo, de esferas, espacial compacta o de relleno (*spacefilling*, 100% de van der Waals).

- **Estilo > Patrón > Bolas y varillas** el clásico modelo, con bolas al 20% del radio de van der Waals (y varillas de 0,15 Å de diámetro).

- **Estilo > Átomos > % van der Waals** permite elegir otros tamaños.

El color de las esferas se controla con **Color > Átomos**. Además, pueden hacerse –o no– semitransparentes mediante **Color > Átomos > Translúcido / Opaco**.

Para mayor flexibilidad en la elección de tamaños y colores, se emplean las instrucciones spacefill y color del lenguaje de instrucciones (p.51 y 54).

Todos los elementos estructurales (enlaces y otros) heredan por defecto el color, la visibilidad, la selección, etc. de los átomos.

Disponemos de una variante para representar los átomos, empleando esferas de superficie punteada. En este caso, se encuentra en el menú **Superficies > de puntos**.

Nota 1: puedes consultar los radios atómicos e iónicos usados por Jmol en la sede web asociada a este manual.

Estilo de los enlaces

Los enlaces se representan en forma de varillas (cilindros), y se gestionan asociados a ambos átomos.

- **Estilo > Patrón > Alambres / Varillas / Bolas y varillas** utilizan, respectivamente, líneas delgadas, cilindros de 0,3 Å y cilindros de 0,15 Å de diámetro.

- **Estilo > Enlaces > n Å** ofrece otros grosores.

El color de un enlace es inicialmente el que tengan los dos átomos (cada mitad de la varilla toma un color), pero se puede forzar otro para el enlace completo usando **Color > Enlaces**. Además, pueden hacerse –o no– semitransparentes mediante **Color > Enlaces > Translúcido / Opaco**.

Para conseguir más opciones se utilizan las instrucciones `wireframe` y `color bonds` del lenguaje de instrucciones (p. 52 y 74).

Representaciones esquemáticas de biomoléculas

Las macromoléculas biológicas (proteínas, ácidos nucleicos y, de forma limitada, carbohidratos) en archivos de formato **pdb**, **mmcif** o equivalente pueden representarse en forma simplificada, restringiendo la visualización a la trayectoria del polímero. Su ventaja radica en apreciarse el plegamiento de la cadena en el espacio y su estructura secundaria. En ellas, la trayectoria queda definida como la sucesión de los átomos principales del esqueleto: los de carbono alfa en una proteína y los de fósforo en un ácido nucleico.

Desde el menú contextual, las diferentes variantes esquemáticas son excluyentes entre sí, así como con los patrones de esferas, alambres, varillas, y bolas y varillas.

Se utiliza el menú **Estilo > Estructuras >**

- **Esqueleto** (`backbone`) traza una línea quebrada que conecta los átomos que definen la trayectoria.

- **Cordón** (`trace`) traza una curva suavizada que pasa por los puntos medios entre sucesivos átomos de la trayectoria.

- **Cintas** (`ribbons`) dibuja una cinta sólida sin grosor, siguiendo la misma trayectoria que el cordón.

- **Hebras** (`strands`) es similar a la cinta, pero formada por hilos o hebras longitudinales paralelos.

- **Esquemático** (`cartoons`) dibuja cintas en las zonas con estructura secundaria alfa o beta, y cordones en el resto; cada tramo termina en una punta de flecha (extremo C o 3').

- **Cohetes** (`rockets`) traza cilindros para los tramos alfa, listones para los beta y cordón en el resto; cilindros y listones son siempre rectos y terminan en punta de flecha.

- **Cohetes y cintas** (`cartoonRockets`) es una variante de **esquemático** en la que los tramos alfa son cilindros y los beta, cintas.

(Para más detalles y opciones, consulta las instrucciones indicadas entre paréntesis, en las secciones del lenguaje de instrucciones, p. 52 y vol. 2.)

Las opciones **Esquemático** y **Cordón** disponibles desde **Estilo > Patrón** añaden a lo anterior un coloreado según el patrón de estructura secundaria.

El color de cada tipo de estructura esquemática se controla por separado con **Color > Estructura**.

Colores

El menú **Color** ofrece todos los "objetos" disponibles en Jmol y, para todos ellos, una lista de colores preestablecida. Para **Átomos** y **Estructuras**, ofrece además unos **Patrones** o esquemas de coloreado (ilustrados en la contraportada y en uno de los apéndices):

- **por elemento CPK**: es la opción inicial y predeterminada; asigna un color propio a cada elemento, siguiendo el llamado "esquema CPK" (de Corey, Pauling y Koltun);

- **por molécula**: cada grupo de átomos conectado mediante enlaces constituye una "molécula" (interpretada por Jmol, no indicada en el archivo), que recibe un color diferente;

- **por carga formal / parcial**: lee el valor de carga asignado a cada átomo en el archivo y utiliza un gradiente de colores desde rojo (carga negativa) a blanco (carga cero) a azul (carga positiva);

- **por aminoácido**: cada uno recibe un color propio [1];

- **por estructura secundaria**: en proteínas, los tramos de hélice alfa en fucsia, los de hebra beta en amarillo anaranjado, los giros en azul y el resto en blanco; en ácidos nucleicos, morado el DNA y rojizo el RNA [1];

- **por cadena**: todos los átomos con un mismo identificador de cadena reciben un mismo color [1];

- **Heredado**: por defecto, todos los "objetos" toman el color de los átomos a los que corresponden; esta opción permite recuperar ese coloreado.

(Para más detalles, consulta los apartados de coloreado en las secciones dedicadas al lenguaje de instrucciones, p. 54 y 74.)

Nota 1: sólo en los formatos de archivo que proporcionan esa información: **pdb** y **mmcif**, o equivalente.

Selección de partes de la molécula

Es importante tener en cuenta que todas las acciones (aplicación de estilos, colores, etc.) afectan únicamente a la parte de la molécula que esté seleccionada en ese momento. Inicialmente, todos los átomos están seleccionados; este estado puede modificarse posteriormente usando el menú **Seleccionar**:

- **Elemento**: seleccionará todos los átomos del elemento elegido, en una lista de los que componen la molécula;

- **Proteína**: se basa en la interpretación de los identificadores de los átomos [1];

- **Ác. nucleicos**: se basa en la interpretación de los identificadores de los átomos [1];

- **Hetero:** "grupos heterogéneos", es decir, aquellos etiquetados como HETATM en el archivo (habitualmente, lo que no es proteína ni ácido nucleico) [1]; nos referiremos a ellos como grupos prostéticos;

- **Carbohidratos:** sólo se reconocen algunos residuo,s por su nombre [1];

- **Otros:** lo no asignado a una de las 4 categorías anteriores.

Como ayuda durante la selección, podemos utilizar:

- **Seleccionar > ☑Halos de selección:** resalta los átomos seleccionados en cada momento, rodeándolos con un círculo anaranjado;

- **Seleccionar > ☑Mostrar sólo lo seleccionado:** oculta el resto.

También es posible seleccionar átomos uno a uno usando el ratón: **Átomo elegido > Seleccionar**; la selección es acumulativa y para retirar un átomo de la selección basta marcarlo otra vez.

Nota 1: sólo en los formatos de archivo que proporcionan esa información, como **pdb** y **mmcif**, o equivalente.

Átomos de hidrógeno

En un solo clic es posible ocultar o mostrar de nuevo todos los átomos de hidrógeno: **Estilo > Átomos> ☑Mostrar hidrógenos**. Esta acción controla a su visibilidad independientemente de otras opciones o estilos, y es particularmente útil para simplificar la visión de moléculas grandes.

Etiquetas sobre los átomos

Podemos "etiquetar" los átomos con un rótulo que queda asociado a ellos, en el menú **Estilo > Etiquetas**. Se puede optar por el nombre o el número que identifican al átomo en el archivo, o bien por el símbolo del elemento. Similarmente al resto de acciones, sólo se etiquetan los átomos seleccionados en ese momento.

También es posible ir etiquetando átomos al señalarlos con el ratón: **Átomo elegido > Etiqueta** (en este caso, no es posible elegir el tipo de etiqueta).

Para elegir su aspecto, tenemos **Color > Etiquetas** y **Estilo > Etiquetas > Posición de la etiqueta.**

Mediciones

Como se ha indicado en el apartado "Picado" dentro del manejo del ratón (pág. 31), es posible medir distancias y ángulos sin ninguna operación previa, haciendo doble clic sobre un átomo, clic sencillo sobre los sucesivos y doble clic sobre el último. El menú ofrece también opciones para ello:

Medición > Clic para medir distancia / ángulo / torsión Para medir distancia, el programa espera que hagamos clic sucesivamente sobre 2 átomos; para ángulo, sobre 3; para ángulo diedro o de torsión, sobre 4 átomos. Las unidades empleadas para las distancias se pueden elegir usando **Medición > Distancia en...**

La opción predeterminada se recupera con **Medición > Doble clic inicia y finaliza** (su uso se describe en "Picado", p. 31).

Percepción tridimensional

Para ayudar a percibir el modelo en 3 dimensiones, se dispone de opciones para ajustar la perspectiva y para utilizar imágenes estereográficas:

- **Estilo > ☑Perspectiva** utiliza una perspectiva cónica, de modo que lo que está más atrás se reduce;

- **Estilo > ☐Perspectiva** utiliza perspectiva ortogonal, sin efecto de profundidad;

- **Estilo > Estereografía >...** genera una imagen estereográfica:
  - mediante 2 imágenes lado a lado, bien para visión "bizca" o convergente (*crossed-eyed*) o para visión "paralela" o divergente (*wall-eyed*);

- mediante dos imágenes ligeramente desplazadas, para usar gafas bicolores (rojo y azul, rojo y cian, rojo y verde)

Sistema de coordenadas e información cristalográfica

- Estilo > ☑Ejes: dibuja los ejes cartesianos del sistema de coordenadas de los átomos en el archivo;

- Estilo > ☑Caja: rodea la molécula con un paralelogramo;

- Estilo > ☑Celda unidad: en modelos que incluyan información cristalográfica, traza la celdilla unitaria y muestra sus parámetros como texto (arriba a la izquierda).

El grosor y color de sus líneas se controlan desde:

- Estilo > Ejes / Caja / Celda unidad > ...
- Color > Ejes / Caja / Celda unidad > ...

(Las instrucciones relacionadas con sistemas cristalinos son mucho más versátiles, pero por su carácter especializado se reservan para el volumen 2.)

El lenguaje de instrucciones de Jmol

Introducción al lenguaje de instrucciones de Jmol

La carga de un archivo de modelo molecular, su orientación y desplazamiento, su estilo de representación, la visibilidad de sus diferentes partes, su color…, en resumen, todo lo que es posible hacer en Jmol, se controlan mediante instrucciones que conforman el denominado "lenguaje de guiones" de Jmol. La palabra **guión** (en inglés, *script*) hace referencia a una serie de instrucciones a seguir; el programa (aplicación o miniaplicación) va "leyendo" una por una esas instrucciones, interpretándolas y aplicándolas al modelo.

Jmol ha heredado la mayoría de las instrucciones que forman el lenguaje de guiones de los programas RasMol y Chime, pero añade otras muchas que son nuevas y exclusivas de Jmol.

Todo lo que se puede hacer en Jmol usando ratón y teclado o los menús se convierte internamente en instrucciones de este lenguaje. Además, numerosas acciones sólo son posibles mediante las instrucciones; por tanto, el lenguaje de guiones es la herramienta más potente para el uso de Jmol –también la más compleja de dominar al completo–. Debido a su amplitud, en este manual se ha optado por subdividir su descripción en secciones o niveles, comenzando por las instrucciones más sencillas de usar y que previsiblemente se van a necesitar con más frecuencia, para progresivamente ir avanzando hacia las instrucciones que se usarán más raramente, o se aplican sólo en campos específicos, o son más difíciles de comprender y utilizar. A pesar de todo ello, algunas instrucciones u opciones que hemos considerado las más avanzadas quedarán fuera de la cobertura de este manual, y el lector interesado en trabajar a fondo con Jmol deberá acudir a la guía oficial, la "documentación de guiones interactivos", disponible en la sede web de Jmol donde, en un estilo de "guía de referencia", se explican todas las instrucciones disponibles y todas las opciones que admiten.

Las instrucciones pueden proporcionarse manualmente, escribiéndolas una tras otra en la "consola de guiones", o bien prepararse en un archivo de texto ("archivo de guión") que se graba en disco y es cargado o leído por Jmol. Igualmente, el guión puede estar escrito formando parte del código fuente de una página web que incorpore la miniaplicación **JmolApplet**. En estas dos últimas modalidades las instrucciones adquieren entidad de guión, como forma de programar acciones para el modelo molecular.

Formas de proporcionar instrucciones

Como se acaba de mencionar, las instrucciones para Jmol pueden suministrarse de diversas maneras:

- **Directamente, desde la consola**: escribiéndolas en la consola de la aplicación o la miniaplicación; pueden escribirse y ejecutarse de una en una, o bien escribir una serie de ellas –separadas por punto y coma– y luego ejecutarlas juntas de una vez.

- **Desde archivos de guión**: las instrucciones constituyen el contenido de un archivo de texto, que Jmol carga desde el menú superior **Archivo > Abrir** o mediante una instrucción script. Si se encadenan varias instrucciones, deben ir separadas por punto y coma o bien por salto de línea.

- **Mediante variables JavaScript**: en el código fuente de una página web se pueden indicar las instrucciones en forma de valor asignado a una variable de JavaScript; el navegador proporciona una conectividad entre JavaScript y Java que permite pasar a Jmol esas instrucciones, bien directamente al generar la página o como consecuencia de una acción posterior, por ejemplo cuando el usuario pulse un botón incluido en la página.

- **Consola simulada en la página web**: por último, es posible construir en la página web un control de formulario, de tipo campo de texto, en el que el usuario puede escribir instrucciones que serán transmitidas a la miniaplicación Jmol incluida en esa misma página. (Véase la función `jmolCommandInput` de la biblioteca **Jmol.js**, descrita en la sección de edición web, nivel 3, p. 116.)

Características comunes de las instrucciones y sus parámetros

Plurales

Para muchas de las instrucciones, Jmol acepta como sinónimos las formas singular y plural. Ejemplos: `cartoon`, `halo`, `hBond`, `label`, `measure`, `measurement`, `meshRibbon`, `monitor`, `ribbon`, `rocket`, `selectionHalo`, `ssBond`, `star`, `strand`, `vector`. Excepciones: `dots`, `trace`, `backbone`.

Similarmente ocurre con las variantes de escritura británica y estadounidense: `centre` = `center`, `colour` = `color`.

Mayúsculas y minúsculas

En este manual se usan algunas letras mayúsculas con el fin de mejorar la legibilidad de aquellas instrucciones compuestas de varias palabras unidas. Sin embargo, Jmol no distingue entre mayúsculas y minúsculas, por lo que es indiferente cómo se escriban las instrucciones. Ejemplos: `hBond` = `hbond` = `Hbond`, `meshRibbon` = `meshribbon`.

Tipos de parámetros y expresiones

Las instrucciones del lenguaje de guiones de Jmol utilizan distintos tipos de parámetros; reseñamos a continuación sus características comunes.

Valores numéricos

Cuando un parámetro numérico indica las dimensiones para representaciones de átomos, enlaces o esquemáticas, un número entero se interpreta en "unidades RasMol", equivalentes a 1/250 de ángstrom. En contraste, los números que incluyen un punto decimal se interpretan en ángstroms (1 Å = 10^{-10} m). Así, por ejemplo, spacefill **2** producirá esferas diminutas (2/250 = 0.008 Å de radio), mientras que spacefill **2.0** generará esferas de radio 2 Å.

Para las dimensiones correspondientes a objetos dibujados (axes, draw, vector...), los números enteros se interpretan generalmente como píxeles y los números con decimales, como ángstroms.

Para los tiempos (en instrucciones de movimiento), el número se interpreta siempre como segundos.

Los ángulos de giro se interpretan como grados sexagesimales y las velocidades de rotación, como grados por segundo.

Valores lógicos: activación y desactivación

Diversas instrucciones establecen variables cuyo estado puede ser activado o desactivado. En estos casos (variables lógicas o booleanas), Jmol admite las palabras clave **on** y **true** para el estado activado, y para el desactivado **off** y **false**. (En ocasiones, un valor numérico puede también ser interpretado como verdadero si es distinto de cero, o falso si es cero, pero es preferible no confiar en ello de forma general.)

Colores

Pueden indicarse colores mediante un nombre (p.ej. yellow), mediante un código ([128,255,0] o [x88FF00]) o mediante un patrón o esquema de coloreado (amino). Consulta los apartados "Instrucciones de coloreado", en las secciones de nivel 1 y 2, para más detalles. También puedes consultar los colores empleados por Jmol en el Apéndice y la contraportada.

Expresiones atómicas

Para cambiar el tipo de representación del modelo molecular, para centrar la visión en determinada parte, etc., es preciso hacer referencia a los átomos constituyentes. Tales referencias se denominan genéricamente "expresiones atómicas". En algunas instrucciones (select, restrict, hide, display...) se pueden proporcionar directamente, pero en las más complejas las expresiones atómicas deben estar rodeadas por paréntesis (). En caso de duda, es seguro utilizar siempre los paréntesis.

En la sección de nivel 1 y en el volumen 2 hay apartados que describen las expresiones atómicas disponibles; además, los detalles de uso de algunas en particular se irán introduciendo progresivamente en los apartados dedicados a las instrucciones pertinentes.

Coordenadas

Jmol utiliza 3 tipos de coordenadas:

- XYZ absolutas, externas o asociadas al panel de Jmol. En algunas instrucciones se pueden proporcionar como 3 números consecutivos (separados por espacios), pero en la mayoría deben estar rodeadas por llaves { } y separadas por espacios o comas. Las unidades son ángstroms.

  Ejemplos: {1 2 0} {0.83 -1.34 2.0} {-1.2, 2.1, 0}

- XYZ internas o asociadas al sistema de coordenadas atómicas del modelo. Al igual que las anteriores, en algunas instrucciones se pueden proporcionar como 3 números consecutivos (separados por espacios), pero en la mayoría deben estar rodeadas por llaves { } y separadas por espacios o comas. Las unidades son ángstroms.

  Ejemplos: {1 2 0} {0.83 -1.34 2.0} {-1.2, 2.1, 0}

- Fraccionarias, relativas a la celdilla unitaria en modelos con información cristalográfica (por tanto, internas pero usando ejes y escala distintos). Se identifican como tales por contener al menos una fracción, es decir, un signo **/**. Deben estar rodeadas por llaves **{ }** y separadas por espacios o comas. Las unidades son las dimensiones de la celdilla unidad.

Ejemplos: **{1,1/2,-1} {-2 1 -1/1} {1/1 0 0.3}**

Objetos dibujados

Los objetos generados mediante instrucciones como `draw`, `pMesh`, `isoSurface`, `geoSurface`, `dipole` o `polyhedra` pueden recibir un nombre identificador que permite hacer referencia a ellos en instrucciones posteriores. Ese nombre puede estar formado por cualquier combinación de caracteres alfanuméricos, siempre que no coincida con una instrucción o palabra clave del lenguaje (para mayor seguridad, conviene que el nombre incluya un número). Dependiendo de cuál sea la instrucción, la referencia posterior al objeto puede ser simplemente ese nombre o requerir que éste vaya precedido de un signo **$**. (Esto se indicará al explicar cada instrucción.)

Lenguaje de instrucciones: nivel 1

Carga de modelos moleculares (I)

La instrucción para cargar en Jmol un modelo molecular (es decir, para leer un archivo de coordenadas moleculares) es **load**. El nombre del archivo puede ir o no entre comillas[1]. Cualquier extensión del archivo es válida, pues Jmol determinará siempre el formato leyendo el contenido del archivo. Los formatos reconocidos se han listado en el apartado "Obtención de modelos moleculares", p. 23. Si trabajas con Jmol incluido dentro de páginas web, es muy conveniente que las rutas y los nombres de archivo sigan unos criterios de compatibilidad (consulta el apartado "Recomendaciones generales para los archivos" en p. 99).

Ejemplos:

* `load arginina.mol`

* `load ../modelos-prot/hemoglob.pdb.gz`

* `load http://biomodel.uah.es/model1/dna/140d.pdb`
  (las rutas absolutas como ésta sólo funcionan en la aplicación, no en la miniaplicación)

Para que las páginas web que incluyen modelos moleculares funcionen en un CD-ROM, disco duro, disco USB u otro disco local, el modelo debe estar en la misma carpeta que los archivos de la miniaplicación o bajo ella[2]. Para páginas que residan en un servidor web, el modelo debe estar en el mismo servidor que la página[3]. (Estas limitaciones vienen impuestas por las restricciones de seguridad de las miniaplicaciones Java.)

Es también posible cargar modelos de varios archivos, o cargar sólo un modelo de un archivo que contiene varios; estas posibilidades se explican en el volumen 2.

Nota 1: las comillas son imprescindibles si la ruta o el nombre de archivo contienen algún espacio, pero en un entorno de página web recomendamos no usar tales nombres, por razones de portabilidad (véase el apartado "Recomendaciones generales para los archivos", p. 99).

Nota 2: si sigues el método recomendado en este manual, los archivos de la miniaplicación estarán en la carpeta raíz del sitio web, con lo que los archivos de modelos pueden estar en cualquier carpeta del sitio.

Nota 3: hay mecanismos para cargar modelos ubicados en otro servidor, pero se describen en el volumen 2.

Carga de guiones de instrucciones

Entre las diversas formas[1] de aplicar instrucciones para modificar los modelos en Jmol, una es la lectura de un archivo de guión (que contiene una serie de instrucciones para el modelo); la instrucción para cargar ese archivo y aplicar así el guión de instrucciones es **script**. El nombre de archivo puede ir o no entre comillas. El archivo debe ser de texto plano y puede tener cualquier extensión[2]. Es muy conveniente que las rutas y los nombres de archivo sigan los criterios de compatibilidad con la web (consulta el apartado "Recomendaciones generales para los archivos" en p. 99).

Ejemplos:

- script **prepara.txt**

- script **guiones/esferas.spt**

- script
  http://biomodel.uah.es/model1/dna/140d_1.spt
  (las rutas absolutas como ésta sólo funcionan en la aplicación, no en la miniaplicación)

Nota 1: se puede consultar una descripción de ellas en el apartado introductorio "Formas de proporcionar instrucciones", p. 44.

Nota 2: en este manual usaremos habitualmente la extensión **spt** para los guiones (abreviada de *script*; esta extensión es obligatoria cuando se preparan páginas que usan MDL Chime, y la mantenemos para Jmol por costumbre y por compatibilidad de muchos guiones).

Restauración y eliminación del modelo

La instrucción **reset** devuelve el modelo a su posición, orientación y tamaño iniciales, y redefine el centro del modelo como centro de rotación.

Sin embargo, esto no afecta al tipo de representación, colores, etc.; para conseguir recuperar el aspecto inicial del modelo, debes cargarlo de nuevo (usando **load** "").

Otra instrucción, **initialize**, restaura diversas opciones y variables del programa que hubieran podido modificarse con anterioridad.

Finalmente, para eliminar el modelo, dejando vacío el panel de Jmol, se usa **zap**.

Tamaño de los átomos

Los átomos se representan como esferas, cuyo radio se ajusta con la instrucción **spacefill** (sinónimo: cpk).

Ejemplos:

- spacefill on muestra las esferas, con el radio de van der Waals correspondiente a cada elemento[1] (se puede omitir la palabra on);
- spacefill off oculta los átomos (reduciendo sus dimensiones a cero; no afecta a enlaces ni a otras representaciones);
- spacefill **50%** esferas con la mitad del radio de van der Waals;
- spacefill **120%** esferas un 20% mayores que las de van der Waals;
- spacefill **50** esferas de radio 50/250 ángstroms;
- spacefill **1.0** esferas de radio 1 ángstrom.

Nota 1: puedes consultar los radios atómicos e iónicos usados por Jmol en la sede web asociada a este manual.

Grosor de los enlaces

Los enlaces se representan como varillas cilíndricas, cuyo diámetro se ajusta con la instrucción **wireframe**.

Ejemplos:

- wireframe on   muestra los enlaces como "alambres", líneas de 1 píxel (se puede omitir on).

- wireframe off oculta los enlaces

- wireframe **30** muestra varillas de diámetro 30/250 ángstroms

- wireframe **0.2** varillas de diámetro 0,2 ángstroms

Estilos esquemáticos (I)

Estas representaciones simplificadas se aplican a la trayectoria o "esqueleto" de proteínas (polipéptidos) y ácidos nucleicos (polinucleótidos). Su ventaja radica en que se aprecian más fácilmente el plegamiento de la cadena en el espacio y su estructura secundaria. La trayectoria queda definida como la sucesión de los átomos principales del esqueleto: los átomos de carbono alfa en una proteína y los de fósforo en un ácido nucleico. Sobre moléculas que Jmol no reconoce como proteínas o ácidos nucleicos, estas instrucciones no tienen efecto; por otra parte, en general sólo cabe esperar que funcionen con archivos de formato **pdb** o **mmcif**, en los que los átomos citados quedan identificados.

Cada estilo se consigue con una instrucción diferente, y se muestra independientemente de los demás; por ello, es posible combinarlos. Asimismo, son independientes del estilo de átomos y enlaces; si se quiere evitar el detalle excesivo de éstos, será necesario ocultarlos con spacefill off; wireframe off.

backbone (esqueleto): línea quebrada que une los carbonos alfa o los fósforos.

trace (cordón): curvilínea interpolada[1] entre los los carbonos alfa o los fósforos.

ribbon(s) (cintas): cinta sólida sin grosor, curvilínea interpolada.

meshRibbon(s) (cintas de malla): cinta de malla, curvilínea interpolada.

strand(s) (hebras): cinta de hebras, curvilínea interpolada.

cartoon(s) (esquemático): utiliza cintas con punta de flecha para los tramos de hélices alfa y hebras beta, y cordón para los giros y el resto. Todo es curvilínea interpolada.

rocket(s) (cohetes o bloques): utiliza cilindros con punta de flecha para las hélices alfa, listones rectos con punta de flecha para las hebras beta, y cordón para los giros y el resto. Cada tramo de alfa y de beta es recto.

Ejemplos, aplicables no sólo a trace, sino a todos ellos:

- trace on lo muestra, con anchura mínima (se puede omitir on)

- trace off lo oculta

- trace **100** lo muestra, con anchura 100/250 ángstroms

- trace **1.0** lo muestra, con anchura 1 ángstrom

Usando **on**, las cintas son anchas en los tramos alfa y beta, y estrechas en los giros y el resto. Si se indica un valor de anchura, se aplicará a todo por igual.

Nota 1: todos los estilos excepto backbone y rockets utilizan una misma trayectoria curva. Existen instrucciones avanzadas para modificar su recorrido preciso, así como para indicar el grosor de las cintas (consúltese el volumen 2).

Instrucciones de coloreado (I)

Los átomos pueden recibir diversos colores que, de forma predeterminada, son "heredados" por los enlaces y por el resto de representaciones. La posibilidad de romper esa "herencia" se ilustra en la sección de nivel 2, p. 74.

La instrucción es **color** (sinónimo: colour), seguida de uno de éstos:

- Un nombre de color reconocido:
  black, white, red, green, blue, yellow, pink, cyan, brown, greenTint, ... (hay una lista completa en el Apéndice).

- Un triplete RGB (rojo, verde, azul) en formato decimal o hexadecimal:
  color [255,0,255] corresponde a magenta (rojo+azul)
  color [xFF00FF] es igualmente magenta (rojo+azul).

- Un esquema o patrón de coloreado:

  - **color cpk** cada elemento en su color propio (opción predefinida);

  - **color amino** cada aminoácido en un color (polares brillantes, hidrófobos oscuros) [1];

  - **color shapely** otro patrón de coloreado, que incluye nucleótidos [1];

  - **color structure** según la estructura secundaria en proteínas: la hélice en fucsia; la hebra o lámina beta, en amarillo anaranjado; el giro, en azul; todo el resto en blanco. Además, colorea DNA y RNA de forma diferente [1];

- **`color group`** cada residuo toma un color de un gradiente en arco iris: desde N- o 5'- azul, hasta -C o -3' rojo [1];

- **`color chain`** cada cadena en un color [1].

Hay información completa de todos los colores en uno de los apéndices.

Nota 1: sólo funciona con archivos de formato **pdb**, **mmcif** o equivalente.

Expresiones atómicas (I)

Numerosas instrucciones, particularmente las de selección explicadas en el siguiente apartado, hacen referencia a un subconjunto de los átomos que forman la molécula. La sintaxis con la que se indica tal subconjunto se denomina una "expresión atómica". En las instrucciones `select`, `restrict`, `hide`, `display` y algunas otras, las expresiones atómicas se utilizan tal cual, como parámetro a continuación de la instrucción; sin embargo, en otras instrucciones –que utilizan un mayor número de parámetros simultáneamente– es preciso encerrar cada expresión atómica entre paréntesis. Esta diferencia en la forma de uso se irá indicando cuando se describa cada instrucción en concreto (en caso de duda, es seguro utilizar siempre los paréntesis). Por ahora, describiremos las expresiones atómicas de uso más común e intuitivo; las más sofisticadas, así como la descripción detallada de lo que significan las comunes, se reservan para el volumen 2.

- Todos los átomos de la molécula: **`all`**

- Ningun átomo: **`none`**

- Número identificador de un átomo (n.º secuencial o n.º de serie): puede ser simplemente el número de orden en el archivo (p. ej., en los formatos **mol**, **xyz** y **cml**), o bien ser asignado explícitamente en el archivo (p. ej., en los formatos **mmcif** y **pdb**); la sintaxis es **`atomNo`**.

   Ejemplos: `atomNo=12  atomNo<5`

- Nombre identificador de un átomo: cada átomo puede tener un identificador alfanumérico. En el caso de archivos de biomacromoléculas en la base de datos PDB, estos identificadores están especificados en el archivo y siguen una normalización (por ej., CA para carbonos alfa, CB para carbonos beta, etc.). En otros formatos que carecen de esa especificación, Jmol genera un nombre usando el símbolo del elemento y el número secuencial.

  Ejemplos: **N3 *.CB**
  (el significado del punto y el asterisco se indica más abajo)

- Referencia al elemento químico:

  - por su nombre en inglés: **nitrogen carbon oxygen**

  - por el símbolo químico, precedido éste por un guión bajo: **_N _C _Fe**

  - o bien por el número atómico (usando **elemNo**): **elemNo=7**

  - También es posible indicar isótopos: **deuterium tritium _2H _3H _31P**

  En todos los casos, se está haciendo referencia al conjunto de átomos de ese elemento presentes en el modelo.

- Descripción de determinada estructura, es decir, fórmula o patrón de enlaces, empleando la notación SMILES y la instrucción **substructure()**.

  Ejemplo: **substructure("[C][C](=[O])[O]")**

- Número de modelo, en el caso de archivos multimodelo o de carga de múltiples archivos.[1]

  Ejemplo: ***/2** (átomos del modelo nº 2)

- Átomos enlazados a un grupo determinado de átomos.[1]

    Ejemplo: **connected(oxygen)**   (átomos enlazados a uno de oxígeno)

- Límite de distancia a determinados átomos.[1]

    Ejemplo: **within(3.0, _Cu)**   (átomos a menos de 3 Å de uno de cobre)

- Pertenencia a una molécula (grupo de átomos unidos covalentemente) o a un modelo.[1]

    Ejemplo: **within(molecule,atomNo=23)**

- Pertenencia a una de las celdillas cristalográficas (en archivos que incluyan tal información).[1]

    Ejemplos: **cell=555   cell={1 1 1}**

- Pertenencia a conjuntos definidos previamente usando cualquier expresión atómica.[1]

    Ejemplo: **define Q1 within(3.0, _Cu); select Q1 and not _Cu**

Nota 1: los detalles de estas instrucciones se explican en el volumen 2.

Expresiones atómicas en biomoléculas

Los formatos **pdb** y **mmcif**, diseñados para macromoléculas biológicas en la base de datos PDB, incluyen mayor información sobre cada átomo, como el nombre y número de residuo (aminoácido, nucleótido u otro tipo de "grupo"), el identificador de la cadena en el caso de que haya varias, y un nombre identificador para cada átomo, normalizado de acuerdo con convenios que reflejan su identidad química y posición en el residuo. Jmol puede utilizar todos esos parámetros en expresiones atómicas (con sintaxis heredada de RasMol).

Los elementos componentes de estas expresiones atómicas específicas de biomacromoléculas son los siguientes:

- Nombre identificador de un átomo, especificado en el archivo siguiendo las normas de la sintaxis **pdb**, por ej.: **CA** para carbonos alfa, **NE** para nitrógenos de amino épsilon, **OH1** para los oxígenos que estén marcados como "OH1" en el archivo. Debe estar precedido de un punto, y éste a su vez del indicador de residuo o bien un comodín (* o ?, explicados en p. 62)

    Ejemplos: ***.CB   *.HN2   Lys.NE**

- Número y nombre identificadores de un residuo; habitualmente corresponden al orden en la secuencia (con **resNo**) y a la abreviatura normalizada del aminoácido o nucleótido.

    Ejemplos: **Ala   Cys   G   T   HOH   HEM   Ala65   A28**

    resNo<8   14   23-27   (éste es el único caso en que se puede usar un guión para indicar un intervalo)

- Identificador de una cadena polipeptídica o polinucleotídica. Debe estar precedido de un carácter de dos puntos, y éste a su vez del indicador de residuo o bien un comodín (* o ?)

    Ejemplo: ***:B**   (átomos de la cadena identificada como "B" en el archivo)

- Pertenencia a una cadena o a una secuencia.

    Ejemplo: **within("GGCACTT",A)**   (residuos de adenilato que formen parte de la secuencia GGCACTT; se explica en el volumen 2)

- Pertenencia a conjuntos predefinidos, tales como aminoácidos alifáticos o aromáticos, ácidos o básicos, polares o no, cargados, cíclicos, iones, disolventes, grupos prostéticos, tipos de estructura secundaria...

- Por tipo de residuo:
  acidic, basic, polar, neutral ...
  purine, pyrimidine ...

- Por naturaleza de la molécula (explicado a continuación):
  protein, nucleic, dna, rna, carbohydrate, hetero, ligand, solvent, water, ions ...

- Parte de la molécula:
  backbone, sidechain

- Por estructura secundaria de proteínas:
  helix, sheet, turn

La asignación de subconjuntos de acuerdo con naturaleza o parte de la molécula se resume en la tabla siguiente; una descripción más detallada de todos estos conjuntos predefinidos se reserva para el volumen 2.

protein	polipéptidos, reconocidos por la presencia de determinados nombres de átomo en cada residuo	
amino	residuos estándar de aminoácidos, reconocidos por su nombre	
nucleic	**dna**	polinucleótidos, reconocidos por la presencia de determinados nombres de átomo en cada residuo
	rna	
carbohydrate	algunos residuos estándar de monosacáridos, reconocidos por su nombre	

hetero	**solvent**	**water**	agua asociada a la molécula, reconocida por su nombre
		ions	fosfato y sulfato libres
	ligands		todo lo demás (grupos prostéticos, ligandos orgánicos o inorgánicos, iones)
backbone	el esqueleto de la molécula, formado por el conjunto de átomos con ciertos nombres identificadores (en proteínas: carbonilo, amino, carbono alfa y sus hidrógenos; en ácidos nucleicos: fosfato y pentosa)		
sidechain	todos los átomos no cualificados como esqueleto		

Hay que insistir en que todas estas formas de especificar subconjuntos de átomos dependen exclusivamente de los identificadores asignados a cada átomo en el archivo de coordenadas, no de ninguna interpretación química ni estructural por parte de Jmol. Por ejemplo, Jmol no interpretará si un residuo es alanina, simplemente lee si su nombre identificador es ALA o, en otro caso, si un carbono está identificado como CA, independientemente de que realmente sea el carbono alfa de un aminoácido. Tan sólo hay cierto grado de interpretación estructural para las palabras clave helix, sheet, turn, donde se analiza la disposición geométrica de los sucesivos átomos identificados con CA para asignar un tipo de estructura secundaria u otro.

Se puede especificar más combinando los identificadores, en un orden preciso y con ciertos caracteres separadores:

residuo o grupo			.	tipo de átomo	/	n° de modelo [1]
nombre del residuo	n° de residuo	:cadena				
ejemplo: **Ser70:A.CA**						
Ser	70	:A	.	CA		
carbono alfa de la serina 70 en la cadena A	residuo 70 en la secuencia	cadena "A"		átomos marcados "CA" (carbonos alfa)		en todos los modelos
ejemplo: **Ser70.CA**						
Ser	70		.	CA		
carbono alfa de las serinas 70 en todas las cadenas	residuo 70 en la secuencia	sin especificar cadena		átomos marcados "CA" (carbonos alfa)		en todos los modelos
ejemplo: **HOH.O/2**						
HOH			.	O	/	2
átomos de oxígeno del agua en el modelo n°2	molécula de agua	sin especificar cadena		átomo de oxígeno		en el modelo n°2

Nota 1: como se describirá en el volumen 2, un archivo puede contener varios "modelos" o "fotogramas".

Cualquiera de los componentes del identificador múltiple puede omitirse, pero para evitar interpretaciones equívocas es importante mantener los caracteres separadores (dos puntos, punto, barra) y rellenar con caracteres comodín. Por ejemplo, CA se interpretará como átomos pertenecientes a residuos o grupos llamados CA y no como átomos de carbono alfa, que requiere

* . CA. Análogamente, A se interpreta como átomos en residuos de adenilato, mientras que para seleccionar la cadena A necesitamos usar * : A.

Éstos son los caracteres comodín admitidos en estos identificadores:

- el asterisco ***** sustituye a cualquier grupo de caracteres (o ninguno);

- el signo de cierre de interrogación **?** sustituye a un solo carácter (o ninguno).

Combinación de expresiones

Es posible –y frecuente– combinar varias expresiones en una sola; para ello, se usan:

- operadores lógicos:
  and , **or** , **not**
  (en lugar de or se puede usar una coma)

- operadores matemáticos:
  = , **==** (igual a)
  < , **>** , **<=** , **>=** (menor, mayor, menor o igual, mayor o igual)
  <> , **!=** , **/=** (distinto de)

- paréntesis **( )**

- las palabras claves **selected**, **hidden** y **displayed** (que corresponden a los subconjuntos de átomos afectados por la instrucción select, hide o display más reciente; éstas se explican en el siguiente apartado)

Ejemplos:

- **his and nitrogen** los nitrógenos de histidinas

- **his or nitrogen** todos los átomos de histidinas y todos los átomos de nitrógeno de la molécula

- **arg,lys** todos los átomos de residuos de arginina y lisina

- **(resNo>14 and resNo<18) and *.CA** los carbonos alfa de los residuos 14 a 18; de otro modo: **14-18 and *.CA**

- **14,16,18,20** los residuos 14, 16, 18 y 20

- **backbone and *:B** el esqueleto de la cadena B

- **backbone and not *:B** el esqueleto de todas las cadenas excepto la B

- **hetero and not water** los grupos prostéticos excepto el agua

- **hetero and not solvent** los grupos prostéticos excepto los disolventes (agua, fosfato y sulfato); forma más simple en este caso: **ligand**

- **selected and sulphur** los azufres que pertenezcan a lo que estaba seleccionado previamente

- **selected or Ser** lo que estaba seleccionado y además todos los átomos de serinas

- **not selected** lo que no estaba seleccionado previamente

- **carbon and not selected** los carbonos que pertenezcan a lo que no estaba seleccionado previamente

- **not hidden** lo que no estaba oculto

- **displayed** lo que no estaba oculto

- **displayed and water** lo que no estaba oculto y además las moléculas de agua

Selección de una parte del modelo

Todas las instrucciones de estilo de representación (tamaño, color, esquemáticas, etiquetas, etc.) afectan únicamente a la parte del modelo que se encuentre seleccionada en ese momento; inicialmente, está seleccionada la molécula completa. Por ello, es importante poder seleccionar los átomos cuyo estilo queramos modificar.

La instrucción para seleccionar –sin afectar a la visualización– es **select**, seguida de una expresión atómica.

Otra instrucción, **restrict**, selecciona la parte indicada y además oculta el resto.

Una tercera, **hide**, oculta parte de la molécula sin alterar la selección, y su opuesta, **display**, muestra sólo parte de la molécula sin alterar la selección.

		visualización	
		afecta	no afecta
selección	afecta	`restrict`	`select`
	no afecta	`hide,` `display`	

restrict se mantiene por compatibilidad con versiones anteriores y con RasMol y Chime, pero es recomendable evitar su uso, pues es poco reversible, dado que actúa reduciendo a cero el radio de los átomos y de los enlaces y suprimiendo las representaciones esquemáticas, las etiquetas, etc., de modo que es difícil restaurar más adelante el aspecto previo de la parte del modelo que se ha ocultado. En su lugar, es preferible emplear **hide** que, por el contrario, actúa controlando un parámetro independiente, la "visibilidad" de cada átomo, y es completamente reversible mediante **display**.

Por otra parte, es importante tener presente que tanto **hide** como **display** ejercen el efecto contrario sobre la parte no indicada. Por ejemplo, hide carbon ocultará los átomos de carbono, pero a la vez mostrará todos los demás, aunque previamente estuviesen ocultos. A su vez, display carbon mostrará los átomos de carbono y ocultará los demás.

En los ejemplos siguientes, donde se usa select se podría usar análogamente restrict, hide o display:

- Seleccionar todo: **select all**

- No seleccionar nada: **select none**

- Mostrar todo: **display all** o **hide none**

- Ocultar todo: **hide all** o **display none**

- Seleccionar todos los átomos de un elemento químico:
  select nitrogen, select sulphur ...
  select elemNo=14 ...
  select _N, select _S ...

- Seleccionar un átomo por su número identificador o su número de orden:
  select atomNo=14 ...

- **select selected or Ser** amplía la selección añadiendo todas las serinas

- **select not selected** invierte la selección

- **select carbon and not selected** selecciona los carbonos que pertenezcan a lo que no estaba seleccionado previamente

- **restrict selected** oculta todo lo que no estaba seleccionado previamente, manteniendo la selección

- **hide sidechain and selected** oculta las cadenas laterales de los residuos que estuviesen previamente seleccionados, sin alterar la selección previa

- **select not hidden** selecciona lo que no estaba oculto

Ayudas durante la selección

Es posible hacer un seguimiento de qué parte de la molécula está seleccionada en cada momento mediante el menú contextual: la entrada Seleccionar de dicho menú incluye —entre paréntesis— el número de átomos seleccionados en cada momento. Por otra parte, Seleccionar > Halos de selección traza unas circunferencias de color anaranjado alrededor de los átomos seleccionados. Disponemos también de Seleccionar > Mostrar solo lo seleccionado que, obviamente, oculta el resto de átomos (usando instrucciones equivalentes a hide). Por último, siempre que cambia la selección se muestra el nuevo número de átomos seleccionados mediante un mensaje en la consola.

Existen mecanismos equivalentes utilizando el lenguaje de instrucciones, que se explicarán en el volumen 2.

Puentes de hidrógeno y disulfuro (I)

Los puentes o enlaces de hidrógeno (**hBonds**) se muestran como líneas, o varillas, de trazos.

Si el archivo especifica puentes de H (posible, p. ej., en el formato **pdb**, aunque poco frecuente), se mostrarán mediante **hBonds on**; en todos los demás casos, se requiere una primera llamada a **hBonds calculate**. Jmol sólo calcula enlaces de H entre las bases nitrogenadas de un ácido nucleico y entre los átomos del esqueleto proteico, siempre que cumplan ciertos requisitos de distancia y colinealidad.

Los puentes disulfuro (**ssBonds**) se muestran como líneas, o varillas, continuas (similares a otros enlaces covalentes).

Por lo demás, la sintaxis es igual a la de los enlaces normales (**wireframe**, p. 52); todos los ejemplos mostrados aquí con ssBonds son aplicables igualmente a hBonds:

- **hBonds calculate** calcula dónde hay enlaces de H, descartando cualquier información contenida en el archivo, y los muestra como líneas delgadas (aplicando implícitamente **hBonds on**).

- no existe ssBonds calculate

- **ssBonds on** muestra los enlaces como líneas delgadas (se puede omitir on)

- **ssBonds off** oculta los enlaces

- **ssBonds 25** los representa como varillas de diámetro 25/250 ángstroms

- **ssBonds 0.2** varillas de diámetro 0,2 ángstroms

Color del panel de Jmol

Se puede cambiar el color de fondo del panel de Jmol (una vez generado éste), usando la instrucción **color background**:

- **color background blueTint** colorea el fondo con cierto tono pastel de azul

- **color background [xFFC0C0]** ídem rosa pálido

Textos en el panel de Jmol

En Jmol se pueden mostrar dos clases de texto: el asociado a átomos, que se mueve con ellos, y texto estático, en posiciones fijas del panel. El primer caso se describe en el siguiente apartado ("etiquetas"); el segundo, en la sección de nivel 2 (p. 80) y en el volumen 2.

Etiquetas asociadas a los átomos (I)

Se puede colocar texto asociado a los átomos. La instrucción es **label**.

Ejemplos:

- **label on** muestra la etiqueta predefinida, que es
  [*residuo*] *número* : *cadena* . *átomo* #*número*
  (se puede omitir la palabra on)

- **label off**   oculta la etiqueta

- **label** centro de unión   etiqueta los átomos seleccionados con el texto "centro de unión"

- **label** centro | de unión   la línea vertical produce un salto de línea

- **label %a**   etiqueta con el nombre identificador de cada átomo en el archivo

- **label %e**   etiqueta con el símbolo del elemento químico de cada átomo

- **label %i**   etiqueta con el índice del átomo (número secuencial en el archivo)

- **label %n**   etiqueta con el nombre del residuo

- **label %r**   etiqueta con el número del residuo

- **label %c**   etiqueta con el nombre identificador de la cadena

(Hay más opciones; puesto que se usarán con menor frecuencia, se reservan para el volumen 2)

Para controlar el aspecto de las etiquetas, consulta los apartados de coloreado y tipografía en la sección de nivel 2 (p. 74 y 79).

Ejes y cajas

Caja

Empleando **boundBox on** el modelo queda rodeado por un paralelogramo que incluye por completo las posiciones de todos los átomos; se oculta con **boundBox off**. Sólo se muestran sus aristas, como líneas cuyo grosor se puede elegir con **boundBox** |*número*| (interpretado en píxeles si es un número entero, o en ángstroms si tiene decimal), lo que, además, activa su visualización. El color de estas líneas es por defecto blanco o negro para contrastar con el de fondo, y puede ajustarse usando **color boundBox** |*código o nombre de color*|.

Ejes de coordenadas

Las coordenadas atómicas que constituyen el modelo pertenecen a un sistema cartesiano cuyos ejes pueden mostrarse y ocultarse utilizando **axes on** y **axes off**. Mediante **axes** |*número*| se ajusta el grosor con el que se trazan (en píxeles si es número entero y en ángstroms si contiene un decimal); además, se activa su visualización.

Por defecto, los tres ejes se colorean en rojo, verde y azul; es posible elegir otro (el mismo para los tres) usando **color axes** |*código o nombre de color*|.

Nota: Al cargar un modelo cristalográfico (con coordenadas fraccionarias, basadas en la celdilla), los ejes son movidos de forma predeterminada para que coincidan con los lados de la celdilla unidad, con lo cual dejan de ser ortogonales y de corresponder al sistema de coordenadas atómicas. Para modelos no cristalográficos, por defecto los ejes sí corresponden al sistema de coordenadas del modelo y son ortogonales, pero se desplazan al centro del modelo (es decir, no están en el origen de coordenadas atómicas). Para más detalles, consulta el apartado dedicado a modelos cristalográficos en el volumen 2.

Celdilla cristalográfica

La celdilla o celda unitaria (en modelos que incluyan información cristalográfica) se muestra y oculta, en forma de paralelogramo, empleando **unitCell on** y **unitCell off**, respectivamente. Nótese que si los ejes están activados sustituyen a tres de las aristas de la celdilla. Al mismo tiempo, aparece en la región superior izquierda del panel un texto con los parámetros de la celdilla.

El grosor de las líneas que forman las aristas de la celdilla se elige con **unitCell** *número* (como es habitual, si el número es entero se interpreta como píxeles y si tiene decimal, como ángstroms); al fijar un grosor, además se activa la visualización. Su color es por defecto blanco o negro para contrastar con el de fondo, y puede ajustarse usando **color unitCell** *código o nombre de color*.

Lenguaje de instrucciones: nivel 2

Variables de estado

Todas las instrucciones estudiadas hasta aquí se aplican de inmediato, son independientes de otras y, en el caso de afectar al estilo de representación de la molécula, se aplican sólo a la parte del modelo que esté seleccionada.

Hay algunas instrucciones que, en contraste, fijan opciones que permanecen activas hasta que se las vuelva a cambiar y, de ese modo, afectan a la acción de instrucciones posteriores. Para entenderlo, fíjate en opciones como "Átomos de hidrógeno" (p. 40), que en el menú emergente están acompañadas de una casilla de selección: el estado de esta opción (mostrar o no los átomos de hidrógeno del modelo) permanece activado o desactivado, afectando al resultado de otras opciones de menú o instrucciones.

Todas estas opciones se fijan internamente en Jmol estableciendo variables de estado, cuyo valor es verdadero o falso. En el lenguaje de instrucciones, tales variables se fijan mediante la orden **set**. Así, veremos, por ejemplo, set defaultScript, set frank, set cartoonRockets, set showMultipleBonds, etc., cuyo parámetro acompañante siempre es **on** (activado, o **true**, verdadero) u **off** (desactivado, o **false**, falso)[1]. Los valores predeterminados o iniciales de todas estas variables se recuperan al aplicar la instrucción initialize (p. 51).

Es posible consultar el estado de una variable usando la instrucción **show** *nombre de la variable*, y el de todas a la vez mediante **set** (sin nada detrás).

En este manual se ha optado por ir presentando cada instrucción set junto a la instrucción a la que afecta, siguiendo un planteamiento de concepto y función, en lugar de reunir todas las instrucciones set en un mismo apartado, como se suele hacer en las guías de referencia. En consecuencia, en el Índice de instrucciones y palabras clave (p. 139) se ha prescindido de la palabra set y se indexa usando el nombre de la variable.

Nota 1: algunas instrucciones set admiten un parámetro diferente de los lógicos on/off para ser más sencillas de usar, pero internamente lo traducen a un parámetro lógico; por ejemplo, set hBonds backbone (p. 81) actúa fijando la variable hbondsBackbone = true, mientras que set hBonds sidechain hace hbondsBackbone = false.

Carga de modelos moleculares (II)

(Consulta también la sección de nivel 1, p. 49, y el volumen 2)

Imposición de un guión predefinido a todos los modelos cargados

Permite aplicar un guión de instrucciones automáticamente a cada modelo que se cargue en el panel de Jmol.

set defaultLoadScript "*instrucciones*"

Ejemplo:

- **set defaultLoadScript** "spacefill off; wireframe 0.2"

  representa las moléculas como varillas gruesas (en lugar de la representación por defecto, bolas y varillas delgadas).

Ubicación predefinida de los modelos

Si todos los archivos de modelos están en una misma carpeta, es posible omitirla de las instrucciones load subsiguientes. (Esta opción sólo sirve para la miniaplicación.)

set defaultDirectory *ruta de la carpeta*

Interfaz

Es posible ocultar el logotipo "Jmol" que aparece por defecto en la esquina inferior derecha del panel:

set frank off

También es posible ocultar el nombre de la molécula cargada y su nombre de archivo, que normalmente se muestran en el primer elemento del menú emergente y en el submenú bajo él:

set hideNameInPopup on

Se puede asimismo desactivar por completo el menú emergente:

set disablePopupMenu on

(Estas dos últimas opciones son interesantes, por ejemplo, cuando preparamos páginas de evaluación donde se requiere que el usuario averigüe la identidad de la molécula, o si queremos evitar que modifique el aspecto del modelo.)

Por último, es posible impedir que el usuario cambie el tamaño del modelo usando el ratón:

zoom off

(esta instrucción tiene dos efectos colaterales: ajusta el tamaño al 100% inicial y demora el efecto de cualquier instrucción zoom hasta que se reactive con zoom on).

Estilos esquemáticos (II)

Variaciones de los estilos básicos ya descritos en la sección de nivel 1 (p. 52):

En ribbons y cartoons, las cintas lisas pueden tener un reborde grueso (desactivado por defecto):

set ribbonBorder on

En strands, las cintas están formadas por defecto por 5 hebras, pero es posible cambiar ese número (entre 1 y 20):

set strands $\boxed{\textit{número}}$ (sinónimo: set strandCount)

En cartoons se puede obtener una representación alternativa en la cual los tramos de hebra beta son igualmente cintas pero los de hélice alfa son cilindros similares a los de rockets:

set cartoonRockets on; cartoons on

(esta variante es accesible directamente mediante el menú emergente, Estilo > Estructuras > Cohetes y cintas).

Instrucciones de coloreado (II)

(Consulta antes la sección de nivel 1, p. 54.)

De forma predeterminada, la instrucción **color** aplica color a los átomos, y todos los elementos asociados adoptan (o "heredan") ese color: enlaces, representaciones esquemáticas, etiquetas. Sin embargo, es posible indicar por separado el color de cada elemento y hacerlo independiente de aquél del átomo asociado. Igualmente, se puede indicar el color de elementos no asociados a los átomos, como texto en el panel, mediciones, ejes, caja, vectores, objetos dibujados, superficies…

La sintaxis es común:

color $\boxed{\textit{objeto}}$ $\boxed{\textit{transparencia}}$ $\boxed{\textit{color o patrón de coloreado}}$

El *objeto* (si no se indica, se asume atoms) puede ser:

- un elemento que representa los átomos, los enlaces o las estructuras:
  - **atom(s), dots, halo(s), star(s), polyhedra**
  - **bonds, hBonds, ssBonds**

- **`backbone, cartoon(s), ribbon(s), meshRibbon(s), strand(s), trace, rocket(s)`**

- un objeto asociado a átomos:

  - **`label(s), hover, label background, hover background`**

  - **`monitor = measure(s) = measurement(s)`** [1]**`, rubberBand`**

- un objeto relacionado con la molécula en su conjunto o con el panel de Jmol:

  - **`axes, boundBox, unitCell`**

  - **`vector(s)`**

  - **`echo, background`**

- una superficie molecular o un objeto dibujado:

  - **`isoSurface, geoSurface, pMesh, mo, draw`**

- un elemento químico[2], indicado bien por su nombre en inglés, por ej.:
  `carbon, hydrogen, nitrogen, oxygen,`...
  o bien mediante su símbolo precedido de un guión bajo, por ej.: **`_C, _H, _N, _O`**;
  se incluyen también los isótopos:
  `deuterium, tritium, _2H, _3H, _31P,` ...

- el nombre asignado a un objeto al generarlo mediante instrucciones **`draw, isosurface, pmesh o polyhedra`**, precedido del signo **`$`**.

El término de *transparencia* puede ser

- **opaque** (opción por defecto): se usan superficies opacas para las esferas de los átomos, los cilindros de los enlaces, las representaciones esquemáticas...

- **translucent**: se usan superficies semitransparentes. (Las versiones más recientes de Jmol incluyen varios grados de transparencia; consulta el volumen 2.)

Ambos pueden aplicarse solos o precediendo a cualquiera de los indicadores de color. Si no se indica ninguno, se asume opaque.

El *color o patrón de coloreado* puede ser

- un nombre de color reconocido: black, blue, brown, etc. (hay una lista completa en uno de los apéndices)

- un triplete decimal [*rojo* , *verde* , *azul*] o hexadecimal [x *RRVVAA*]. Ejemplos: [176,255,0] , [xB0FF00] dan un tono verde manzana

- un esquema de coloreado reconocido: alt, amino, chain, charge, formalCharge, partialCharge, cpk, group, monomer, model, shapely, structure, temperature, fixedTemperature o relativeTemperature
  (hay más detalles en el apéndice de colores)

  - los esquemas de color no se pueden aplicar a bonds, hBonds, ssBonds, axes, echo, hover, isoSurface, measure(ment), monitor, pMesh, unitCell, ni a los elementos químicos (sin embargo, bonds, hBonds, ssBonds pueden adquirirlos por herencia de los átomos)

- tanto `group` como `monomer` colorean los residuos de acuerdo con su posición en una cadena macromolecular: desde N- o 5'- azul, hasta -C o -3' rojo

- `group` se basa en la numeración del residuo y en el identificador de cadena presentes en el archivo **pdb**

- `monomer` interpreta los enlaces entre residuos, usando la posición del residuo relativa al polímero; por ejemplo, una cadena interrumpida se reconoce como dos polímeros, por lo que se colorearán independientemente si se usa `monomer`

- `formalCharge` indica la carga formal, siempre un número entero; equivale a `charge`

- `partialCharge` es la carga parcial, por ejemplo calculada, es un número no entero

- `relativeTemperature` equivale a `temperature`

- sólo para `color hBonds`, se puede emplear la palabra clave **type**, que colorea de acuerdo con la distancia entre los residuos de aminoácido enlazados, medida a lo largo del esqueleto de la proteína: -4=verde, -3=cian, +2=blanco, +3=magenta (giros), +4=rojo (hélice alfa), +5=naranja, otro=amarillo (hebra beta). Requiere el uso previo de `hBonds on`

- las palabras clave **none** (ninguno) o **inherit** (heredado), ambas indicando que el objeto referido adquirirá el color predeterminado o el propio de los átomos a los que está asociado.

Ejemplos:

Por defecto, los enlaces de hidrógeno tienen cada mitad del color respectivo de los átomos que unen; para elegir otro color para todo el enlace:

- **color hBonds yellow** colorea los enlaces de amarillo

- **color hBonds [x00FF00]** colorea los enlaces de verde

- **color hBonds none** o bien
  color hBonds inherit el enlace retoma el color de los átomos que conecta

El color predeterminado del texto de una etiqueta es el que tenga el átomo. Para elegir otro:

- **color label yellow** colorea en amarillo las etiquetas (presentes y futuras) de los átomos seleccionados en ese momento

- **color label [x00FFFF]** colorea las etiquetas en cian

- **color label none** o bien
  color label inherit la etiqueta retoma el color del átomo respectivo.

Nota 1: color measures afecta sólo a las líneas que se definan con posterioridad, así como a las anteriores que no tuviesen asignado expresamente un color. Se puede necesitar color measures off para anular órdenes anteriores y poder aplicar colores nuevos.

Nota 2: Si se indica un elemento (por nombre o por símbolo), se modifica su color predeterminado (tanto para la molécula actual como para todas las que se carguen en lo sucesivo en ese panel de Jmol). Para recuperar el coloreado predefinido, utiliza **set defaultColors Jmol**. Puedes ver los colores predefinidos para cada elemento en uno de los apéndices.

Instrucciones de tipografía

El tipo de letra (o "fuente"), el tamaño y el estilo para los distintos elementos de texto (`echo`, `label`, `hover`) se controla mediante la instrucción **font**. (El color del texto se indica por separado, empleando la instrucción `color`.) Es posible indicar sólo el tamaño, pero para fijar la fuente o el estilo debe anteponerse un tamaño.

- **font echo 22** usa letras de 22 píxeles de alto (aproximadamente)

- **font echo 18 serif**

- **font echo 26 sansSerif bold**

Se reconocen **serif** (similar a Times) y **monospaced** (como `Courier`); todo lo demás se interpreta como **sansSerif** (Arial o Helvetica).

Para el estilo, se puede añadir **plain** (normal), **bold** (**negrita**), **italic** (*cursiva*) o **boldItalic** (***negrita y cursiva***).

Representación de enlaces múltiples

Algunos formatos de archivo de coordenadas incluyen el orden de enlace (parcial, sencillo, entre sencillo y doble, aromático, doble, triple). En otros –como **pdb**– se consigue un efecto parecido indicando dos veces las conexiones de cada enlace doble. En cualquier caso, Jmol reconoce ambas situaciones y se le puede indicar que los muestre o no como varillas múltiples.

set showMultipleBonds on   muestra varillas múltiples

set showMultipleBonds off   muestra todo como enlaces sencillos (excepto los enlaces de hidrógeno, que siguen siendo varillas o líneas discontinuas)

Nota: se mantiene por ahora la instrucción antigua, compatible con RasMol y Chime, `set bonds on/off`.

Texto estático en el panel de Jmol (I)

El texto estático, que se muestra siempre por delante del modelo, se puede colocar en 3 posiciones: superior, media e inferior y, para cada una de ellas, en una de 3 alineaciones: izquierda, centro o derecha. (Para colocarlo en otras posiciones, consulta el volumen 2.)

Las instrucciones son **echo** y **set echo**.

Primero es obligatorio definir la posición del texto (si no se hace así, el texto no se mostrará):

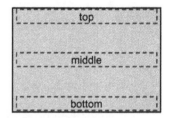

- **set echo top center**
  superior centrado

- **set echo middle right**   centro derecha

- **set echo bottom left**   inferior izquierda

y luego se indica el texto:

- **echo** lisozima   muestra el texto "lisozima"

- **echo**   borra el último texto

- **set echo off**   borra todos los textos (e impide que se muestre ningún texto hasta que se active otra de las opciones set echo indicadas arriba).

El color por defecto del texto es rojo. Para elegir otro color:

- **color echo yellow**   colorea en amarillo el texto mostrado en la región definida por la anterior instrucción set echo. (Puede aplicarse antes o después de la instrucción echo.)

También es posible indicar la tipografía: tamaño y tipo de letra (consulta font echo en el apartado de tipografía, en este mismo nivel 2, p.79).

Puentes de hidrógeno y disulfuro (II)

Los enlaces de hidrógeno (hBonds) y disulfuro (ssBonds) se extienden por defecto entre los átomos respectivos (O y N, N y N, S y S). Sin embargo, cuando éstos no se muestran, como ocurre en el uso de representaciones esquemáticas del esqueleto, tales enlaces parecen "colgar" en el espacio vacío, y puede ser visualmente más conveniente que se extiendan hasta el esqueleto del polipéptido o polinucleótido. Para ello, se utilizan

- **set hBonds backbone** (los enlaces se extienden hasta los carbonos alfa o los fósforos)

- **set ssBonds backbone** (los enlaces se extienden hasta los carbonos alfa de las cisteínas)

La opción predeterminada se recupera con

- **set hBonds sidechain**

- **set ssBonds sidechain**

Orientación del modelo

Disponemos de instrucciones que especifican un movimiento relativo a la posición de partida, mientras que otras indican movimiento a una posición absoluta, independientemente de cuál sea la previa. Por otra parte, algunas instrucciones cambian instantáneamente la posición y orientación del modelo, mientras que otras lo hacen mediante un movimiento gradual a lo largo de un cierto tiempo.

La tabla siguiente resume estas características, comparativamente para todas las instrucciones implicadas en orientación y movimiento. A continuación se estudia cada una de ellas con más detalle.

		relativo *o* *absoluto*	*instantáneo* *o* *progresivo*
Sólo giro:	rotate	R	I
	spin	R	P
Sólo desplazamiento:	translate	A	I
Sólo cambio de tamaño:	zoom	R / A	I
	zoomTo	R / A	I / P
Giro, desplazamiento y cambio de tamaño:	move	R	I / P
	moveTo	A	I / P
Cambio del centro de giro:	center, con previo setWindowCentered off	(R)	I
Cambio del centro de giro y cambio de tamaño:	zoom, con previo setWindowCentered off	R	I
	zoomTo, con previo setWindowCentered off	A	I / P
Cambio del centro de giro, cambio de tamaño y desplazamiento al centro:	center, con previo setWindowCentered on	A	I
	zoom, con previo setWindowCentered on	A	I
	zoomTo, con previo setWindowCentered on	A	I / P

Rotación (I)

La molécula puede girar con respecto a los 3 ejes "externos" fijos al panel, o con respecto a ejes "internos" asociados al modelo. El centro de rotación predefinido es el centro geométrico de la molécula. El giro instantáneo para reorientarla se realiza con la instrucción **rotate**, mientras que el giro permanente en el tiempo es consecuencia de la instrucción **spin**. Estas dos instrucciones utilizan idéntica sintaxis.

(Se explican aquí las posibilidades más frecuentes; el resto se describen en el volumen 2.)

spin on comienza el giro indicado en la instrucción spin previa; **spin off** detiene el giro.

a) Rotación alrededor de un eje externo

Nos referimos a los ejes fijos al panel de Jmol: X horizontal, Y vertical, Z perpendicular a la pantalla[1].

rotate | *eje de rotación: X, Y o Z* | *ángulo* |

spin | *eje de rotación: X, Y o Z* | *velocidad* |

Los ángulos se indican en grados sexagesimales y la velocidad, en grados por segundo. Ejemplos:

- rotate x **45**
- rotate z **-15**
- spin y **-10**

Se puede conseguir un eje de giro no cartesiano definiéndolo entre el centro del panel y un punto (en coordenadas del panel, o externas):

rotate axisAngle { *coordenadas* } | *ángulo* |

spin axisAngle { *coordenadas* } | *velocidad* |

Ejemplo:

- spin axisAngle **{1 1 0} 30** gira alrededor de un eje situado a 45° (bisectriz de XY), a 30°/s

Nota 1: la orientación de ejes en Jmol es diferente que en RasMol 2.6 y en Chime, por lo que el efecto de las instrucciones rotate y spin puede ser opuesto. Para igualar la orientación, donde RasMol y Chime usen rotate z, en Jmol debe cambiarse el signo al valor del ángulo.

	RasMol (hasta 2.6) y Chime	*Jmol*
sentido positivo de X	hacia la derecha	hacia la derecha
sentido positivo de Y	hacia abajo	hacia arriba
sentido positivo de Z	hacia atrás	hacia delante
rotación X positiva	antihoraria	antihoraria
rotación Y positiva	horaria	antihoraria
rotación Z positiva	antihoraria	antihoraria

b) Rotación alrededor de un eje interno

En este caso, se usan los ejes X, Y, Z propios del sistema de coordenadas del modelo que, por tanto, giran y se desplazan con él. (Estos ejes se pueden mostrar usando `axes on`)

rotate molecular $\boxed{X, Y \ o \ Z}$ $\boxed{ángulo}$

spin molecular $\boxed{X, Y \ o \ Z}$ $\boxed{velocidad}$

También se puede usar un eje no cartesiano, definido en este caso por dos puntos:

rotate $\boxed{punto \ 1}$ $\boxed{punto \ 2}$ $\boxed{ángulo}$

spin $\boxed{punto \ 1}$ $\boxed{punto \ 2}$ $\boxed{velocidad}$

En estas dos últimas formas, la palabra clave `molecular` es implícita. Los *puntos* de referencia pueden ser

- $\{\boxed{x} \ \boxed{y} \ \boxed{z}\}$ una coordenada interna, del modelo, entre llaves;

- $\{\boxed{a/b} \ \boxed{c/d} \ \boxed{e/f}\}$ una coordenada interna fraccionaria (cristalográfica), entre llaves;

- $(\boxed{expresión \ atómica})$ el centro de un átomo o grupo de átomos, indicado entre paréntesis;

- $\$\boxed{nombre \ de \ objeto}$ el centro de un objeto dibujado previamente con la instrucción **draw**, precediendo su nombre con el signo $\$$.

Ejemplos:

- `rotate molecular z` **30** gira 30° alrededor del eje Z interno del modelo

- `spin {1.0 -0.6 0} {2.3 1.1 0.5}` **-15** gira 15° por segundo, en sentido contrario, alrededor del eje definido por los puntos (1,-0.6,0) y (2.3,1.1,0.5), en coordenadas internas del modelo

- spin **(atomNo=11) (atomNo=14) -20** gira $20°$ por segundo alrededor del eje definido por los átomos con número secuencial 11 y 14

Desplazamiento

La molécula se puede desplazar –instantáneamente– a lo largo de los ejes X (horizontal) e Y (vertical) usando la instrucción translate. El desplazamiento en el eje Z es equivalente a una aproximación o alejamiento del modelo, o a un cambio de su tamaño, y corresponde a la instrucción zoom, descrita en el apartado siguiente.

translate *dirección: X o Y* *posición*

La *posición* (un número entero) se mide respecto a un sistema de referencia fijo, donde el centro del panel de Jmol es $(0, 0)$ y sus dimensiones son 100. Así, translate x **50** desplazará la molécula hacia la derecha de modo que su centro quede en el borde derecho del panel.

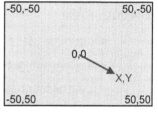

Es importante asimilar que el desplazamiento no es relativo, sino absoluto: no se indica cuánto se debe desplazar el modelo con respecto a su posición actual, sino la posición en la que debe colocarse con respecto al sistema de referencia fijo, sin que su posición previa afecte para nada.

Nota: la orientación de ejes en Jmol es diferente que en RasMol 2.6 y Chime (véase tabla en la nota anterior), por lo que el efecto de las instrucciones translate puede ser opuesto. Para igualar la orientación, donde RasMol y Chime usen translate y, en Jmol debe cambiarse el signo al valor de desplazamiento.

Tamaño

El tamaño con el que se observa la molécula, equivalente conceptualmente a la distancia entre ésta y el observador, se define inicialmente como 100%; al cargar el archivo, el modelo se ajusta automáticamente para que, en modo esferas, ocupe todo el espacio disponible en el panel (si éste es rectangular, conviene usar set zoomLarge, descrito a continuación).

a) Cambio absoluto

Dicho tamaño puede modificarse instantáneamente con la instrucción **zoom**, o progresivamente a lo largo de cierto tiempo con **zoomTo**:

zoom | *tamaño* |

zoomTo | *tiempo* | *tamaño* |

El valor de *tamaño* se interpreta como un porcentaje relativo al inicial o, lo que es lo mismo, a las dimensiones del panel. El *tiempo* empleado en el cambio, en segundos (se puede omitir, y será de un segundo). Así:

- **zoom** 100 devuelve la molécula al tamaño inicial

- **zoom** 30 la molécula ocupará el 30% de las dimensiones del panel

- **zoomTo** 0.5 400 cambia el tamaño hasta uno 4 veces superior al inicial, progresivamente en el curso de medio segundo

En esta sintaxis (de manera similar a lo que ocurre con translate) el tamaño previo del modelo es indiferente.

b) Cambio relativo

Es también posible indicar un cambio relativo al tamaño actual:

- **zoom** *2 aumenta el tamaño al doble

- **zoomTo** 0.5 *3 aumenta el tamaño al triple, a lo largo de medio segundo

- **zoom** /2 reduce el tamaño a la mitad

- **zoom** +20 aumenta el tamaño, añadiendo 20 al valor absoluto actual (poco útil, pues la magnitud observable de su efecto depende del valor previo: de 100 a 120 es un cambio significativo, de 500 a 520 lo es poco)

- **zoom** -25 resta 25 del valor actual (ídem)

c) Combinación con centrado

Finalmente, si deseamos enfocar un determinado grupo de átomos, se puede centrar el modelo sobre ellos y aplicar un tamaño, empleando

zoom (*expresión atómica*) *tamaño*

zoomTo *tiempo* (*expresión atómica*) *tamaño*

La expresión atómica que define el grupo de átomos debe ir entre paréntesis. El efecto de esta instrucción es múltiple: el centro geométrico del grupo se convierte en el nuevo centro de rotación del modelo; se desplaza la molécula hasta que dicho centro coincida con el centro del panel[1]; se ajusta el tamaño de acuerdo con el valor indicado.

Como caso especial, si en *tamaño* se indica 0 (cero), la escala se ajustará para que el conjunto de átomos indicado ocupe, en modo esferas, todo el espacio del panel (independientemente de cuál fuera el tamaño previo).

Ejemplo:

- zoomTo **0.5** (ligand) ***4** centra el modelo sobre los grupos no proteicos, ampliando cuatro veces, todo ello progresivamente a lo largo de medio segundo

- zoomTo **2** (ligand) **0** centra el modelo sobre los grupos no proteicos, ampliando al máximo sin que se salgan del panel, todo ello progresivamente a lo largo de 2 segundos

Nota 1: este desplazamiento al centro puede evitarse empleando previamente set windowCentered off, instrucción explicada a continuación.

d) Bloqueo

Si queremos evitar que el usuario modifique el tamaño del modelo utilizando el ratón o el menú, podemos emplear

`zoom off`

Sin embargo, esto además aplicará `zoom 100` e impedirá que otras instrucciones `zoom` o `zoomTo` tengan efecto visible. (En realidad, los efectos de tales instrucciones, así como las aplicadas mediante el menú, se recuerdan y se aplicarán cuando se reactive con `zoom on`.)

e) Ajuste al panel rectangular

Al cargar un archivo, el modelo se ajusta con una escala que permita su visión completa dentro del panel en formato de esferas y en cualquier ángulo de rotación. Si el panel de Jmol es rectangular, este ajuste puede hacerse de acuerdo con su dimensión corta o con la larga.

`set zoomLarge on` ajusta el modelo para llenar la dimensión mayor

`set zoomLarge off` ajusta el modelo para llenar la dimensión menor

Nota: El valor por defecto de este parámetro ha sufrido cambios a lo largo del desarrollo de Jmol; en v.11.2 se ajusta el modelo a la dimensión mayor. Para prevenir posibles cambios en versiones futuras, conviene ajustarlo explícitamente.

Centrado

El modelo se sitúa inicialmente con su centro geométrico en el centro del panel, y la rotación tiene lugar en torno a ese punto. Podemos especificar que otro punto del modelo sea el centro de rotación y que se coloque, o no, en el centro del panel.

`set windowCentered on` (opción preterminada). Tras establecer esta opción, al usar una instrucción de centrado (`center`, `zoom`, `zoomTo`) el modelo se desplaza para que el nuevo centro de giro se sitúe en el centro del panel. Nota:

normalmente, al cambiar el centro de una molécula se reajusta su tamaño para que quepa en el panel al girar, pero no cambia el valor nominal de `zoom` (es decir, se redefine el tamaño al que corresponde `zoom 100`).

`set windowCentered off` Tras establecer esta opción, al usar una instrucción de centrado, el modelo no se desplaza, tan solo cambia el centro de giro. No hay reajuste forzado de tamaño.

`center` *expresión atómica* (sinónimo: `centre`). El centro geométrico del grupo de átomos indicado se convertirá en el nuevo centro de rotación. (Habrá o no desplazamiento dependiendo del valor actual de `set windowCentered`.) La expresión atómica puede ir entre paréntesis, pero no es necesario.

`center` {*coordenadas X Y Z*} El punto indicado se convertirá en el nuevo centro de rotación. Las coordenadas (internas del modelo) deben ir entre llaves y pueden ir separadas por espacios o por comas.

Ejemplos:

- `center` o `center all` devuelven el centro a su identidad original (el centro geométrico del modelo completo).

- `center atomNo=14` convierte en nuevo centro de giro el átomo con número identificador 14. Además, lo desplaza al centro de panel y reajusta el tamaño para que la molécula quepa por completo al girarla, salvo que antes se hubiera usado `set windowCentered off`.

- `center _Fe` convierte en nuevo centro de giro el punto medio geométrico de todos los átomos de hierro de la molécula (se aplican las mismas condiciones descritas arriba).

- `center {1 1 0}` convierte el punto 1,1,0 (ángstroms) en el nuevo centro. Nótese que, dependiendo de las coordenadas atómicas del modelo, tal punto puede estar alejado de éste.

Movimiento combinado

Con las instrucciones **move** y **moveTo** se combinan desplazamiento, rotación y cambio de tamaño, instantáneos o a lo largo de un cierto tiempo. La diferencia básica entre ambas es que la primera produce una reorientación relativa a la inicial, mientras que la segunda conduce a una orientación final independientemente de cuál sea la de partida (dicho de otro modo, efectúan movimientos relativos y absolutos, respectivamente). Los parámetros aportados a move son fáciles de entender en términos de rotación y traslación, mientras que los usados en moveTo son difíciles de interpretar y casi siempre se copian de unos que proporciona Jmol tras haber orientado manualmente el modelo como queramos.

move `rotX` `rotY` `rotZ` `zoom` `dX` `dY` `dZ` `secc` `tiempo`

parámetro	descripción	
rotX	rotación alrededor del eje X	
rotY	rotación alrededor del eje Y	los valores
rotZ	rotación alrededor del eje Z	especificados son los
zoom	tamaño (acercamiento/alejamiento)	cambios relativos que
dX	desplazamiento en dirección X	deberá
dY	desplazamiento en dirección Y	experimentar el modelo a lo
dZ	desplazamiento en dirección Z	largo del
secc	desplazamiento del plano de corte (véase el apartado dedicado a sección del modelo en el volumen 2)	movimiento completo
tiempo	tiempo total deseado para el movimiento (en segundos)	

Ejemplos:

- move **90 0 0 0 0 0 0 0 1** gira el modelo 90° alrededor del eje X, como lo haría `rotate x` **90**, pero usando un movimiento gradual a lo largo de un segundo.

- move **0 720 0 0 0 0 0 0 1** da dos vueltas al modelo alrededor del eje Y, usando un movimiento gradual a lo largo de un segundo.

- move **0 0 0 0 0 25 0 0 0.5** desplaza el modelo hacia abajo un 25% de la altura del panel, con un movimiento gradual a lo largo de medio segundo. (La posición final no es necesariamente igual a la obtenida con `translate` y **25**, pues en ésta la posición es absoluta, mientras que en move es relativa a la de partida.)

- move **90 15 0 100 0 20 0 0 2** a lo largo de 2 segundos, gira el modelo 90° alrededor del eje X y 15° alrededor del Y, aumenta el tamaño sumando 100 a su valor y desplaza el modelo hacia abajo un 20% de la altura del panel (no en ese orden, sino todo al mismo tiempo).

Nota: para adaptar a Jmol guiones de Chime, deben hacerse estos cambios: move x y -z * x -y -z * * * *

En **moveTo**, la orientación resultante no es relativa a la previa, sino a la que tenía la molécula cuando se cargó; es decir, si aplicamos una segunda vez la misma instrucción moveTo ya no se altera la orientación de la molécula. Aunque se puede describir el significado de los parámetros de la instrucción moveTo, no es sencilla su comprensión ni su elección manual, y desde el punto de vista práctico sólo se utilizan los que proporciona el programa a partir de una orientación obtenida manualmente.

El modo habitual de usar moveTo es:

1. manipula la molécula usando el ratón e instrucciones en la consola, hasta conseguir la orientación y tamaño deseados;

2. abre el menú contextual y elige **Mostrar > Orientación**;

3. en la **Consola de guiones** se mostrará la instrucción moveTo necesaria para reproducir la orientación actual; márcala con el ratón y cópiala (**Ctrl+C**);

4. pega esa instrucción en la página o en el archivo de guión desde los cuales se vaya a usar.

El mismo resultado se obtiene escribiendo **show orientation** en la consola, en lugar de usar el menú.

Nota: el resultado mostrado en la consola consta de dos instrucciones, equivalentes: una utiliza moveTo, la otra reset, center, rotate y translate. Puedes usar cualquiera de las dos; sugerimos la primera. Ejemplo:

```
$ show orientation
```

| Esta parte es la que sirve: | ```moveto /* time, axisAngle */ 1.0 {
-927 -300   225   165.15} /*   zoom,
translation */   100.0 0.08 0.0   /*
center, rotationRadius */ {3.5825
-2.2215   1.819}   10.259438   /*
navigation   center,   translation,
depth */ {0.0 0.0 0.0} -3.0926816
24.158844 50.0;``` |
|---|---|

```
OR
#Follows Z-Y-Z convention for Euler
angles
reset;center {3.5825 -2.2215 1.819};
rotate z -48.02; rotate y 150.13;
rotate z 167.84 translate x 0.08;
rotationRadius = 10.26;
Script completed
```

Lo único que será necesario cambiar en esta instrucción es el tiempo empleado en el movimiento, que por defecto viene fijado en un segundo; es el primer valor numérico de la instrucción `moveTo` (marcado en negrita en el ejemplo anterior).

Mediciones

Puesto que los programas de visualización de modelos trabajan con las coordenadas de cada átomo, es trivial que puedan proporcionar medidas de distancia y ángulos. En Jmol, esto se consigue mediante las instrucciones **measure** y `set measure` (sinónimos de la palabra `measure`: `measures`, `measurement`, `measurements`, `monitor`, `monitors`). Éstas trabajan dibujando una línea "monitora" entre los átomos elegidos y adjuntando a ella un texto con la medida. Las medidas de distancia se pueden expresar en nanómetros, ángstroms, picómetros (10^{-9}, 10^{-10} y 10^{-12} m, respectivamente) o en unidades atómicas de Bohr (1 Bohr $\cong 5,3 \times 10^{-11}$ m = 0,53 Å) . Las medidas de ángulos se expresan siempre en grados sexagesimales. Además, es posible ocultar el texto de la medida y dejar la línea.

a) Líneas monitoras

Para indicar los átomos sobre los que queremos establecer una línea monitora (automáticamente se activan su visualización y su etiqueta de medición):

measure n.º de átomo n.º de átomo para medir distancia

measure n.º de átomo n.º de átomo n.º de átomo para medir ángulo

measure n.º de átomo n.º de átomo n.º de átomo n.º de átomo para medir ángulo diedro (o de torsión)[1]

El parámetro *n.º de átomo* es el identificador en el archivo de coordenadas (en su defecto, el n.º de orden, dependiendo del formato del archivo). Ésta es una de las pocas instrucciones de Jmol, si no la única, en las que se puede usar el número identificador de un átomo sin precederlo de `atomNo=`.

Ejemplos:

- **measure 11 14**   marca y mide una distancia

- **measure 11 14 25**   marca y mide un ángulo

- **measure 11 14 25 10**   marca y mide un ángulo diedro

Usando expresiones atómicas en lugar de números identificadores, es posible generar a un tiempo varias mediciones y las posibilidades son mayores:

measure all (*expresión atómica* **)** ...

usando 2, 3 o 4 expresiones atómicas para medir distancia, ángulo o torsión; cada una entre paréntesis. Establece mediciones entre todos los átomos de la primera y todos los de la segunda, etc. (Utiliza esta modalidad con precaución, pues puede fácilmente generar demasiadas líneas monitoras.)

measure allConnected (*expresión atómica* **)** ...

restringe las mediciones a aquellos átomos que formen un enlace.

Ejemplos:

- **measure all (_Zn) (_S)**   marca y mide todas las distancias entre átomos de zinc y azufre

- **measure allConnected (_H) (_N) (_H)**   marca y mide todos los ángulos H-N-H en grupos amino

Para controlar la visualización de las líneas monitoras (y sus mediciones asociadas):

measure off   oculta todas

measure on   las muestra de nuevo

measure delete   las elimina todas, sin posibilidad de volverlas a mostrar

measure delete $n.^{o}$ elimina una (con el n.º del orden en que se crearon). También puede hacerse definiéndola de nuevo con measure n n n n (número identificador de los átomos).

Las líneas monitoras son por defecto delgadas y punteadas, pero se puede conseguir que sean continuas y de un grosor determinado:

set measure `grosor`   Si es entero se interpreta como píxeles; si tiene decimales, como ángstroms (debe ser <2.0).

set measure dotted (delgada y punteada, opción por defecto)

El color de las líneas y del texto de las mediciones es blanco o negro (para contrastar con el color de fondo), salvo que se especifique otro mediante:

color measure `nombre o código de color` (véase el apartado de instrucciones de coloreado, en esta sección de nivel 2, p. 74)

Nota 1: dos átomos definen una distancia entre sus centros; 3 átomos definen un ángulo con vértice en el segundo de ellos; 4 átomos definen un ángulo diedro o de torsión, que es el ángulo que forma el plano formado por los átomos 1, 2 y 3 con el plano formado por los átomos 2, 3 y 4.

b) Mediciones

Para controlar si se verán las mediciones cuando se vean las líneas monitoras, disponemos de

set measure on (valor por defecto)

set measure off

Para indicar las unidades en las que se mostrarán las mediciones de distancia:

set measure nm

set measure pm

set measure angstroms

set measure au   (*atomic units*, unidades atómicas de Bohr)

Para indicar la tipografía a usar en las mediciones:

font measure $\boxed{tamaño}$ $\boxed{fuente}$ $\boxed{estilo}$ (véase el apartado de tipografía, p. 79)

Es también posible indicar el formato de las mediciones (por ej., número de decimales, incluir otro texto o el nombre de los átomos...), limitarlas a ciertos intervalos, gestionarlas en archivos multimodelo, etc.; para no complicar la descripción, dejamos estas opciones para una sección más avanzada, en el volumen 2.

Vibración de la molécula

Algunos formatos de archivo incluyen información de los modos de vibración de la molécula[1]. Jmol puede presentar la dirección y amplitud de la vibración de cada átomo mediante flechas (vectores) y mediante una animación del modelo.

vector on muestra los vectores

vector off los oculta

vector $\boxed{grosor}$ si el número es entero, se interpreta como un diámetro para la flecha, en píxeles (de 1 a 19); si tiene decimales, como un radio en ángstroms (máximo 3.0)

vector scale $\boxed{número\ entre\ -10\ y\ 10}$ ajusta la escala de todos los vectores (inicialmente es 1)

vibration on activa la animación

vibration off la detiene

vibration $\boxed{periodo}$ establece la velocidad de la animación; el valor de *periodo* marca la duración (segundos) de una vibración completa; a menor periodo, animación más rápida

vibration scale $\boxed{número\ entre\ -10\ y\ 10}$ ajusta la amplitud de todas las vibraciones (inicialmente es 1)

Algunas de estas operaciones se pueden realizar de forma rápida desde el menú emergente y desde la barra de botones:

- El menú **Vibración**, disponible cuando el archivo posee tal información, permite activar y detener la vibración animada, así como controlar la visualización y el aspecto de los vectores.

- Cuando el archivo almacena los distintos modos de vibración de la molécula, cada frecuencia de resonancia está contenida en un modelo, por lo que es preciso usar también el menú **Modelo** para irlas examinando; además, el propio menú incluye su identificación, que suele indicar la frecuencia asociada. De forma rápida, la barra de botones de la parte superior de la aplicación incluye controles para avanzar y retroceder por los modelos, es decir, por las frecuencias.

Nota 1: por ejemplo, el formato **xyz** puede indicar, en las columnas 6 a 8 de la línea correspondiente a cada átomo, su desplazamiento en x, y, z; el formato Gaussian puede incluir las frecuencias armónicas. Habitualmente, cada modo de vibración se almacena en un modelo o fotograma (generando un archivo multimodelo, descrito en el volumen 2).

Inclusión de modelos Jmol en una página web: nivel 1

(Antes de comenzar esta sección, conviene haber leído los apartados introductorios, en particular "Preparación para usar la miniaplicación JmolApplet", p. 21.)

Para insertar una miniaplicación Jmol como parte del contenido de una página web se emplean las etiquetas <APPLET> u <OBJECT> del lenguaje HTML. Sin embargo, esto no es necesario en el método recomendado que se explica aquí, pues la tarea es realizada por la biblioteca **Jmol.js**, incluida en el paquete Jmol. Bajo sus instrucciones, el navegador insertará un panel o región, cargará Java y luego la miniaplicación Jmol y, finalmente, cargará y mostrará un modelo molecular dentro del panel, de acuerdo con las instrucciones que se hayan proporcionado.

En secciones aparte se han descrito con detalle las numerosas instrucciones que acepta Jmol para definir la orientación, características, movimiento, etc. del modelo. Se recomienda que trabajes con esas secciones a medida que vayas desarrollando tus materiales, en paralelo con la lectura de la sección en la que nos encontramos y de las dos que le siguen (niveles 2 o intermedio y 3 o avanzado para inclusión de modelos en las páginas web).

Recomendaciones generales para los archivos

Estas recomendaciones, aplicables a los archivos de página web (**html**, **gif**, **jpg**, **js**, **css**…), a los de coordenadas moleculares y a los de guiones, están encaminadas a que las páginas web con modelos moleculares Jmol sean "transportables", es decir, que funcionen correctamente tanto en modo local como a través de internet, y consultándose desde cualquier tipo de ordenador y de sistema operativo. Conviene seguirlas desde el comienzo del diseño de material, para evitar tener que hacer luego numerosas modificaciones a los archivos ya terminados.

1. Los nombres de archivo deben estar completamente en minúsculas, sin espacios y sin caracteres no ingleses (es decir, sólo ASCII básico, no extendido; debes evitar acentos, eñes y cualquier tipo de símbolo). Sí se pueden usar los números, el guión normal (-) y el guión bajo o subrayado (_).[1]

2. Las rutas de acceso a los archivos (*file path*) deben seguir el mismo criterio anterior y no ser absolutas, sino relativas a la carpeta donde está la página web.

Ejemplo de nombres y rutas no recomendables:	Ejemplo de nombres y rutas recomendables:
Reacción.htm	reaccion.htm
Ácido Oleico.mol	acido-oleico.mol
moléculas/adenina.mol	moleculas/adenina.mol
c:/moléculas/insulina.pdb	../moleculas/insulina.pdb

3. La organización de los archivos en carpetas puede seguir cualquier criterio, siempre que, lógicamente, se indique la ruta adecuada al hacer referencia a ellos. Sólo es preciso cuidar de que los archivos de coordenadas moleculares se encuentren en la misma carpeta que los archivos de Jmol o por debajo de ella; por ello recomendamos en este manual que estos últimos se coloquen en la carpeta raíz del sitio web; de ese modo podremos distribuir los contenidos de las páginas (texto html, imágenes, etc.) y los modelos (archivos de coordenadas, archivos de guiones) de cualquier modo que deseemos.

Nota 1: Estrictamente, el uso de mayúsculas es posible, pero lo desaconsejamos porque es una de las causas frecuentes de problemas cuando se comienza a trabajar en la edición web. Ello se debe a que el sistema operativo Windows no distingue entre mayúsculas y minúsculas para los nombres de archivo (si quieres comprobarlo, intenta crear dos archivos que se llamen **prueba.txt** y **Prueba.txt** en una misma carpeta), mientras que el sistema Linux, frecuente en los servidores web, sí diferencia entre ambos; por ello, enlaces e instrucciones que funcionan perfectamente en el PC local fallan cuando se llevan al servidor. La experiencia indica que es más eficaz acostumbrarse desde el principio a evitar las mayúsculas.

Inicialización de Jmol

Cada página HTML que incluya modelos moleculares o controles para actuar sobre ellos debe contener una llamada para que se utilice la biblioteca en JavaScript asociada a Jmol (**Jmol.js**); dicha llamada debe estar dentro de la cabecera de la página web (sección <head> en el código fuente HTML):

```
<script type="text/javascript"
src="ruta del archivo Jmol.js/Jmol.js">
</script>
```

Asimismo, nada más comenzar el cuerpo de la página web (sección <body> en el código fuente HTML) debe incluirse esta instrucción:

```
<script type="text/javascript">
jmolInitialize("ruta del archivo JmolApplet0.jar/")
</script>
```

Nota: Estrictamente, no es preciso que esta instrucción se coloque justo al comenzar el cuerpo, sino que basta con ponerla antes de que se utilice cualquier función de la biblioteca **Jmol.js** (tales como jmolApplet, jmolButton, etc.); la recomendación de ponerla al principio simplemente previene olvidos y evita posibles fallos a consecuencia de cambios futuros en la distribución de contenidos de la página.

Como ocurre siempre con el código JavaScript, es esencial no alterar las mayúsculas, minúsculas, los signos de puntuación, comillas, etc., o la página no funcionará.

Ejemplos:

Con esta estructura de archivos y carpetas:

```
📁 webs
├─📄 Jmol.js
├─📄 JmolApplet0.jar
├─📄 JmolApplet0_Core.jar
├─  (etc.)
└─📄 index.html
```

el contenido de **index.html** debe ser:

```
<head>
<script type="text/javascript" src="./Jmol.js">
</script>
</head>

<body>
<script
type="text/javascript">jmolInitialize("./")
</script>
(...)
</body>
```

Y con esta otra disposición:

```
📁 webs
├─📄 Jmol.js
├─📄 JmolApplet0.jar
├─📄 JmolApplet0_Core.jar
├─  (etc.)
└─📁 cap1
    └─📄 index.html
```

el contenido de **index.html** debe ser:

```
<head>
<script type="text/javascript" src="../Jmol.js">
</script>
</head>

<body>
<script
type="text/javascript">jmolInitialize("../")
</script>
(...)
</body>
```

Inserción del modelo

Para incluir en la página un panel con el modelo molecular (en términos técnicos, para incrustar la miniaplicación **JmolApplet**) debe incorporarse en el punto deseado de la página el código siguiente:

```
<script type="text/javascript">
jmolApplet(dimensiones, "instrucciones")
</script>
```

donde *dimensiones* es la medida en píxeles del área ocupada por el modelo (con ancho y alto iguales; si se quiere un panel rectangular, es posible con una ligera modificación, descrita en el nivel 2, p. 112) y las *instrucciones* –opcionales– dictan la carga de un modelo y la modificación de su aspecto.

Por ejemplo: `jmolApplet(150, `**`"load atp.pdb"`**`)` incluye en la página web un modelo así:

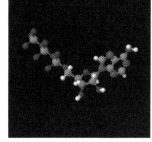

(obviamente, no una imagen estática como ésta, sino un modelo que se puede girar, mover y modificar de múltiples formas).

(Pueden verse ampliaciones de esta instrucción en los niveles 2 y 3, p. 112 y 119)

Un ejemplo de uso sencillo, en el que una página web muestra un modelo con un estilo preparado de antemano, sería el siguiente:

1. Carga el modelo en el programa autónomo Jmol y modifica su orientación y estilo, usando ratón, menú o consola, hasta que ilustre la característica de la molécula que desees demostrar o comentar.

2. Graba esa "vista" del modelo en un archivo de guión, usando en el menú superior **Archivo > Exportar > Imagen o guión** y eligiendo el formato **SPT** (guión de instrucciones). Supongamos que has llamado al archivo **vista-1.spt**

3. Ubica el archivo en una carpeta que forme parte del conjunto de tus páginas web (por ejemplo, en la misma donde tienes los archivos de **JmolApplet** o bien en una subcarpeta bajo ésta).

4. En el código fuente de la página web que estás construyendo, incluye la instrucción:

```
<script type="text/javascript">
jmolApplet(200, "script vista-1.spt")
</script>
```

Manejo del modelo mediante controles simples: botones, enlaces y casillas

Los modelos situados de ese modo en la página pueden además manipularse desde hiperenlaces, botones u otro tipo de controles situados en la propia página, que aplican secuencias de instrucciones para Jmol (las instrucciones disponibles se describen en otras secciones de este manual). Tales secuencias se denominan guiones o macros (en inglés, *scripts*).

Los controles más sencillos de programar son los botones que se pueden pulsar, los hiperenlaces y las casillas de verificación (que admiten un estado marcado o activado ☑ y otro desactivado ☐). Para situar en la página uno de estos controles que actúen sobre el modelo debe insertarse respectivamente uno de estos códigos:

Botones

Para un botón:

```
<script type="text/javascript">
jmolButton("instrucciones", "texto mostrado")
</script>
```

Ejemplo:

```
<script type="text/javascript">
jmolButton("spacefill on", "modelo de esferas")
</script>
```

Resultado: [modelo de esferas] . Al hacer clic, aplicará al modelo la instrucción `spacefill on` (representando los átomos como esferas con el radio de van der Waals).

Enlaces

Para un hiperenlace:

```
<script type="text/javascript">
jmolLink("instrucciones", "texto mostrado")
</script>
```

Ejemplo:

```
<script type="text/javascript">
jmolLink ("spacefill on", "modelo de esferas")
</script>
```

Resultado: modelo de esferas . Al hacer clic, aplicará al modelo la instrucción `spacefill on`.

Casillas de verificación

Para una casilla de verificación:

```
<script type="text/javascript">
jmolCheckbox("instrucciones al marcarlo",
"instrucciones al desmarcarlo", "texto mostrado")
</script>
```

Ejemplo:

```
<script type="text/javascript">
jmolCheckbox ("spacefill on", "spacefill off", "modelo de esferas")
</script>
```

Resultado: ☐modelo de esferas . Al marcar la casilla, aplicará al modelo la instrucción `spacefill on`; al quitar la marca, aplicará al modelo la instrucción `spacefill off`.

Inclusión de modelos Jmol en una página web: nivel 2

Manejo del modelo mediante controles combinados: botones de radio y menús

Los modelos pueden manipularse también desde opciones del tipo "botón de radio" (*radio buttons*), es decir, excluyentes entre sí, o mediante menús o listas desplegables, cuyas opciones son también excluyentes entre sí.

Para usarlos, primero debe definirse una matriz de datos en JavaScript; cada uno de sus elementos es a su vez una matriz con un guión de instrucciones, un texto y opcionalmente un indicador de si el botón debe estar marcado inicialmente.

Botones de radio

Para un grupo de opciones o botones de radio:

```
<script type="text/javascript">
var x = new Array()
```

(en lugar de x puede usarse otro nombre)

Cada elemento de la matriz, x[0], x[1] etc. debe constar de:

```
x[j] = ["instrucciones", "texto mostrado", indicador
true o false]
jmolRadioGroup(x, "separador entre opciones")
</script>
```

Ejemplo:

```
<script type="text/javascript">
var x = new Array()
x[0] = ["spacefill off; wireframe on", "Alambres"]
x[1] = ["spacefill 20%; wireframe 40", "Bolas y varillas",
true]
```

```
x[2] = ["spacefill 100%; wireframe off", "Esferas"]
jmolRadioGroup(x, "<br>")
</script>
```

Resultado:

```
○ Alambres
◉ Bolas y varillas
○ Esferas
```

. Al marcar cada opción, se desmarcan las otras y se aplica al modelo la instrucción correspondiente. Inicialmente, está marcada la segunda opción (pues es x[1] la que tiene el valor "true" en el tercer lugar).

El *separador entre opciones* es texto HTML que se insertará entre cada dos opciones consecutivas. Por ejemplo, "<br>" para un salto de línea, " " para un espacio, " " para un espacio de no separación.

Menús

Para un menú o lista desplegable, el formato es muy similar:

```
<script type="text/javascript">
var x = new Array()
```
(en lugar de x puede usarse otro nombre)

Cada elemento de la matriz, x[0], x[1] etc. debe constar de:

```
x[j] = ["instrucciones", "texto mostrado", indicador
true o false]
jmolMenu(x)
</script>
```

(En este caso, el separador no tiene sentido)

Ejemplo:

```
<script type="text/javascript">
var x = new Array()
x[0] = ["spacefill off; wireframe on", "Alambres"]
```

```
x[1] = ["spacefill 20%; wireframe 40", "Bolas y varillas",
true]
x[2] = ["spacefill 100%; wireframe off", "Esferas"]
jmolMenu(x)
</script>
```

Resultado:
Bolas y varillas ▼
Alambres
Bolas y varillas
Esferas

. Al elegir una opción de la lista, se aplica al modelo la instrucción correspondiente. Inicialmente, está seleccionada la segunda opción.

Manejo del modelo basado en eventos JavaScript (I)

También es posible pasar instrucciones al modelo directamente como consecuencia de eventos JavaScript que no estén asociados a un elemento de control de tipo formulario –como son los botones, casillas, opciones y menús mostrados anteriormente–.

```
<script type="text/javascript">
jmolScript("instrucciones")
</script>
```

Ejemplo:

```
<script type="text/javascript">
jmolScript ("spacefill off; wireframe on")
</script>
```

Resultado: se ejecutan sobre el modelo las instrucciones cuando se active esa sección de código JavaScript (puede formar parte de la página, de un evento como onLoad u onClick, de una función JavaScript, …).

Advertencia: mientras las instrucciones proporcionadas se están aplicando al modelo, la ejecución del código JavaScript y html continúa en paralelo. Por ejemplo, si usamos

```
<script type="text/javascript">
jmolScript ("load hemoglobina.pdb")
alert ("el modelo se ha cargado")
</script>
```

el diálogo de alerta aparecerá antes de que haya dado tiempo a que el modelo se cargue.

O, si usamos

```
<script type="text/javascript">
jmolScript ("load hemoglobina.pdb")
jmolScript ("color amino")
</script>
```

probablemente la instrucción de coloreado falle porque aún no se ha cargado el modelo.

Para evitar esto, disponemos de una instrucción que retiene la ejecución de otros procesos hasta que se termine de ejecutar el actual:

```
<script type="text/javascript">
jmolScriptWait ("instrucciones")
</script>
```

Esta instrucción y su análoga `jmolScriptWaitAsArray` permiten además extraer información de los mensajes de estado emitidos por Jmol (incluyendo mensajes de error); esos aspectos se explican en la guía de nivel 3, p. 116.

Inclusión de código HTML

A menudo es cómodo pasar un texto HTML sin necesidad de cerrar y reabrir las etiquetas `<script>`. Para ello, puede usarse

```
<script type="text/javascript">
jmolHtml ("texto o contenido HTML")
</script>
```

Ejemplo:

```
<script type="text/javascript">
jmolHtml ("esto es <b>negrita</b>.")
</script>
```

O también insertar un salto de línea usando

```
<script type="text/javascript">
jmolBr ()
</script>
```

que es una forma rápida equivalente a `jmolHtml ("<br>")`.

Color del panel del modelo

El panel del modelo molecular (miniaplicación Jmol) tiene por defecto fondo de color negro, muy adecuado para contrastar con todos los colores de los átomos y aportar sentido de profundidad. Si prefieres otro color de fondo, puedes indicarlo antes de la instrucción `jmolApplet ()` usando

```
<script type="text/javascript">
jmolSetAppletColor ("color en formato hexadecimal
#RRVVAA")
</script>
```

El formato para indicar el color es el mismo usado en HTML: los valores hexadecimales de los componentes rojo, verde y azul (2 dígitos cada uno), precedidos por el símbolo #. También es posible usar en su lugar uno de los nombres de colores predefinidos en Jmol (listados en el apéndice).

Ejemplo:

```
<script type="text/javascript">
jmolSetAppletColor("#FFC000")
</script>
```

aplica un color anaranjado (rojo: FF=100%, verde: C0=75%, azul: 00=0)

Insistimos: esta instrucción debe ser previa a la de inserción del panel del modelo, `jmolApplet()`; además, si la página incluye varios paneles, afectará a todos los que la sigan. Como alternativa puedes cambiar el color de fondo en un panel después de que se ha insertado en la página, usando las instrucciones del lenguaje de guiones (concretamente, `color background`, p. 67).

Paneles rectangulares y paneles con medidas relativas

Por otra parte, hasta ahora hemos usado paneles de forma cuadrada, pero es posible insertar un panel de modelo con dimensiones rectangulares empleando una ligera variación en la sintaxis de `jmolApplet()`. Así,

```
<script type="text/javascript">
jmolApplet(300, "load acetato.mol")
</script>
```

inserta un panel cuadrado de 300 píxeles de lado, mientras que

```
<script type="text/javascript">
jmolApplet([300,500], "load acetato.mol")
</script>
```

inserta un panel rectangular de 300 píxeles de ancho y 500 de alto. (La sintaxis usada es la de una matriz JavaScript de 2 datos.)

Los paneles rectangulares generalmente sólo tienen sentido si queremos mostrar una molécula cuya forma es muy alargada. Si decides usarlos, debes tener en cuenta que, por defecto, Jmol ajustará el tamaño del modelo a la dimensión mayor, con lo que, dependiendo de la orientación, parte del modelo se saldrá del área visible. Para conseguir que el modelo se ajuste a la dimensión menor, el lenguaje de guiones dispone de la instrucción set zoomLarge off (p. 88). Versiones futuras de Jmol podrían cambiar la opción predeterminada, por lo que es más seguro utilizar explícitamente set zoomLarge off o set zoomLarge on siempre que se opte por paneles rectangulares.

El tamaño del panel puede también indicarse en medidas relativas, como porcentaje del tamaño de la ventana o del elemento contenedor (un marco, una celda de tabla, una capa DIV…). Basta para ello proporcionar un dato —o una matriz de dos— en forma de porcentaje o bien de número inferior a la unidad:

```
<script type="text/javascript">
jmolApplet("50%", "load acetato.mol")
</script>

<script type="text/javascript">
jmolApplet(0.5, "load acetato.mol")
</script>
```

en ambos casos, se inserta un panel que ocupa la mitad de anchura y altura disponibles. O bien

```
<script type="text/javascript">
jmolApplet(["90%","50%"], "load acetato.mol")
</script>
```

que ocupará el 90% del ancho y la mitad del alto del elemento contenedor.

Inclusión de modelos Jmol en una página web: nivel 3

Inserción de botones de radio individualmente

En situaciones muy particulares, la ubicación dentro de la página deseada para los botones de radio (opciones mutuamente excluyentes) puede no ser factible usando jmolRadioGroup (que los inserta todos correlativos). Para tales casos es posible usar otra instrucción que inserta individualmente cada opción (botón de radio) y la asigna a un grupo de ellas:

```
<script type="text/javascript">
jmolRadio("instrucciones", "texto mostrado",
indicador true o false, "separador tras la opción",
"nombre del grupo")
</script>
```

Ejemplo:

```
<script type="text/javascript">
jmolRadio("spacefill on; wireframe off;", "esferas", false,
" ","a")
jmolRadio("spacefill 25%; wireframe 0.15;", "bolas y
varillas", false, " ", "a")
jmolRadio("color red", "rojo", false, "<br>", "b")
jmolRadio("spacefill off; wireframe 0.2;", "varillas", false,
" ","a")
jmolRadio("color cyan", "azul claro", false, " ", "b")
</script>
```

Resultado:
```
○ esferas ○ bolas y varillas ○ rojo
○ varillas ○ azul claro
```
donde están ligadas las tres opciones de estilo ("a") por un lado y las dos opciones de colores ("b") por otro, y ninguna está marcada al comenzar.

Manejo del modelo basado en eventos JavaScript (II)

En la sección de nivel 2 (p. 109) se ha presentado el uso de `jmolScript()` y el uso simple de `jmolScriptWait()`. Éste ofrece otra utilidad: la extracción de información a partir de los mensajes de estado emitidos por Jmol, incluyendo mensajes de error.

```
<script type="text/javascript">
var x = jmolScriptWait("instrucciones")
</script>
```

```
<script type="text/javascript">
var x =
jmolScriptWaitAsArray("instrucciones")
</script>
```

Cuando la función se asigna a una variable JavaScript ("x" en el ejemplo), ésta recibe los mensajes de estado emitidos por Jmol mientras se ejecutan las *instrucciones*, en forma de una sola cadena de texto (`jmolScriptWait`) o de una matriz de cadenas de texto (`jmolScriptWaitAsArray`).

Analizando esa variable es posible hacer que el código JavaScript detecte errores u otras situaciones y actúe en consecuencia.

Inserción de una "consola de instrucciones"

Con esta herramienta se facilita al usuario de la página web la posibilidad de proporcionar instrucciones a voluntad al panel de Jmol (cosa que puede hacer en cualquier caso si conoce la forma de abrir la consola propia de la miniaplicación, salvo que el menú emergente esté bloqueado).

La "consola" consiste en este caso en una caja de texto de una línea seguida de un botón; en la primera se pueden escribir instrucciones o guiones que se ejecutarán sobre la miniaplicación cuando se pulse el botón.

```
<script type="text/javascript">
jmolCommandInput("texto mostrado", tamaño)
</script>
```

donde el *texto mostrado* corresponde al botón y el *tamaño* es la anchura (número de caracteres) de la caja de texto.

Ejemplo:

```
<script type="text/javascript">
jmolCommandInput("aplicar", 40)
</script>
```

Resultado: aplicar

Guardado y recuperación de orientaciones del modelo

Es posible almacenar en memoria varias orientaciones del modelo molecular, asignándoles un identificador:

```
<script type="text/javascript">
jmolSaveOrientation("identificador")
</script>
```

y recuperarlas en otro momento:

```
<script type="text/javascript">
jmolRestoreOrientation("identificador")
</script>
```

esa recuperación es instantánea, pero también puede hacerse mediante un movimiento gradual del modelo, empleando

```
<script type="text/javascript">
jmolRestoreOrientationDelayed("identificador", tiempo)
</script>
```

El *tiempo* indica la duración en segundos del movimiento que devuelve el modelo desde su orientación actual a la previamente guardada.

Verificación del navegador

La biblioteca **Jmol.js** incorpora una sofisticada rutina de detección del navegador que el usuario esté utilizando para consultar las páginas, con el fin de proporcionar una advertencia si no fuese compatible con el uso de Jmol. La verificación se realiza automáticamente la primera vez que se intenta ejecutar una instrucción, pero nos puede interesar adelantarla y además es posible indicar un mensaje o una página web específicos que queremos que se muestren cuando falle la verificación:

```
<script type="text/javascript">
jmolCheckBrowser("acción",  "URL o mensaje",
"momento")
</script>
```

acción debe ser una de estas palabras clave:

- "popup" para que se abra la dirección URL indicada en *URL o mensaje*, en una nueva ventana del navegador;

- "redirect" para que se abra la dirección URL indicada en *URL o mensaje*, sustituyendo a la página actual;

- "alert" para que se muestre un diálogo de aviso (alerta de JavaScript) con el texto indicado en *URL o mensaje*.

momento indica cuándo se debe realizar la verificación del navegador; debe ser una de estas palabras clave:

- "now" para que se verifique de inmediato;
- "onClick" para que se verifique la primera vez que el usuario haga clic en un control, por ejemplo en un jmolButton();

el valor por defecto es "onClick".

Páginas con varios modelos

Se pueden situar varios paneles Jmol en una misma página web para mostrar simultáneamente varios modelos moleculares; basta para ello repetir en las posiciones deseadas de la página el código jmolApplet().

En este caso, es importante definir sobre cuál de los modelos debe actuar cada control (botón, menú, etc.). De forma predeterminada, los controles actúan sobre el modelo inmediatamente precedente en el orden de escritura de la página, pero dependiendo del diseño de la página puede ser necesario indicar explícitamente la relación entre controles y modelos.

Inclusión de varios paneles Jmol

Por defecto, cada llamada a jmolApplet() asigna un identificador numérico consecutivo, comenzando por 0, que, añadido a la palabra clave "jmolApplet", forma además los parámetros id y name del objeto miniaplicación en HTML. En su lugar, para una gestión más fácil, es posible asignar un identificador personalizado en el momento de insertar el panel:

```
<script type="text/javascript">
jmolApplet(dimensiones, "instrucciones",
"sufijo identificador")
</script>
```

Ejemplo:

```
<table width="100%"><tr align="center">
<td>
  <script type="text/javascript">
    jmolApplet(250, "load a.mol", "izq")
  </script>
</td>
<td>
  <script type="text/javascript">
    jmolApplet(250, "load b.mol", "med")
  </script>
</td>
<td>
  <script type="text/javascript">
    jmolApplet(250, "load c.mol", "dch")
  </script>
</td>
</tr></table>
```

introduce tres paneles Jmol, alineados horizontalmente mediante una tabla, en los que se cargan tres modelos moleculares (archivos **a.mol**, **b.mol** y **c.mol**), y se asigna a los paneles los identificadores "izq", "med" y "dch". Los elementos HTML respectivos (<OBJECT> o <APPLET>, dependiendo del navegador) reciben como valores de id y name "**jmolAppletizq**", "**jmolAppletmed**" y "**jmolAppletdch**".

(izq)	(med)	(dch)
a.mol	**b.mol**	**c.mol**

Asociación de paneles a controles

Al insertar un control de los tipos jmolButton(), jmolLink(), jmolCheckbox(), jmolRadioGroup(), jmolMenu() o jmolRadio(), la forma de indicar a cuál de los modelos deben aplicarse sus instrucciones es emplear previamente una instrucción jmolSetTarget():

```
<script type="text/javascript">
jmolSetTarget("sufijo identificador de la diana")
</script>
```

Ejemplo:

```
<script type="text/javascript">
jmolSetTarget("med")
jmolButton("spacefill on", "modelo de esferas")
</script>
```

Todas las instrucciones a partir de ahí –como la del botón mostrado en el ejemplo– se aplicarán al modelo del centro, hasta que se indique una nueva orden jmolSetTarget().

Asociación de paneles a instrucciones

Por el contrario, las instrucciones jmolScript(), jmolScriptWait() y jmolScriptWaitAsArray() no utilizan el identificador definido por jmolSetTarget(), sino que admiten un sufijo identificador como segundo parámetro:

```
<script type="text/javascript">
jmolScript("instrucciones", "sufijo identificador de la diana")
</script>
```

Ejemplo:

```
<script type="text/javascript">
jmolScript("spacefill on","med")
</script>
```

Este mismo sistema es aplicable a las funciones que guardan y recuperan una orientación (descritas en un apartado, p. 117, donde no se introdujo esta posibilidad para no complicar la explicación):

jmolSaveOrientation ("identificador de la orientación**", "**sufijo identificador de la diana**")**
jmolRestoreOrientation ("identificador de la orientación**", "**sufijo identificador de la diana**")**

Existen aún en la biblioteca **Jmol.js** unas pocas utilidades, o detalles extra de las descritas en este manual, que no se explican aquí por ser de uso más especializado; para su descripción remitimos a la página oficial de documentación, en http://www.jmol.org/jslibrary/

Integración con las hojas de estilo en cascada CSS

Es posible unificar las propiedades de estilo CSS de los controles que genera **Jmol.js** empleando funciones incluidas en esta misma biblioteca. (Alternativamente, el control de estilos puede hacerse desde la página web.)

Las funciones disponibles son:

- **jmolSetAppletCssClass (**nombre de clase**)**
  indica la clase CSS que se debe asignar a las etiquetas `<APPLET>` u `<OBJECT>` generadas por `jmolApplet()` y `jmolAppletInline()`.

- **jmolSetButtonCssClass (**$\boxed{nombre\ de\ clase}$**)**
  indica la clase CSS que se debe asignar a las etiquetas
  `<INPUT type="button">` generadas por
  `jmolButton()`.

- **jmolSetCheckboxCssClass (**$\boxed{nombre\ de\ clase}$**)**
  indica la clase CSS que se debe asignar a las etiquetas
  `<INPUT type="checkbox">` generadas por
  `jmolCheckbox()`.

- **jmolSetRadioCssClass (**$\boxed{nombre\ de\ clase}$**)**
  indica la clase CSS que se debe asignar a las etiquetas
  `<INPUT type="radio">` generadas por
  `jmolRadioGroup()` y `jmolRadio()`.

- **jmolSetLinkCssClass (**$\boxed{nombre\ de\ clase}$**)**
  indica la clase CSS que se debe asignar a las etiquetas
  `<A HREF>` generadas por `jmolLink()`.

- **jmolSetMenuCssClass (**$\boxed{nombre\ de\ clase}$**)**
  indica la clase CSS que se debe asignar a las etiquetas
  `<SELECT>` generadas por `jmolMenu()`.

Todas estas funciones toman como argumento el nombre de la clase CSS que se desea asignar al elemento. Las propiedades de esa clase deberán definirse manualmente en la página web o en su hoja de estilos asociada.

Ejemplo:

`jmolSetButtonCssClass ("botonGrande")` asigna la clase de nombre *botonGrande* a todos los botones generados por Jmol.js.

Apéndices

Colores usados por Jmol

Colores (CPK) de los elementos químicos

El patrón de coloreado predefinido o "esquema CPK" asigna en Jmol un color único a cada elemento químico. La contraportada de este libro los muestra en color formando una tabla periódica.

A continuación se indican número atómico, símbolo químico y código hexadecimal del color (rojo, verde, azul: RRVVAA).

1	H	FFFFFF	21	Sc	E6E6E6	46	Pd	006985
1	D,^{2}H	FFFFC0	22	Ti	BFC2C7	47	Ag	C0C0C0
1	T,^{3}H	FFFFA0	23	V	A6A6AB	48	Cd	FFD98F
2	He	D9FFFF	24	Cr	8A99C7	49	In	A67573
3	Li	CC80FF	25	Mn	9C7AC7	50	Sn	668080
4	Be	C2FF00	26	Fe	E06633	51	Sb	9E63B5
5	B	FFB5B5	27	Co	F090A0	52	Te	D47A00
6	C	909090	28	Ni	50D050	53	I	940094
6	^{13}C	505050	29	Cu	C88033	54	Xe	429EB0
6	^{14}C	404040	30	Zn	7D80B0	55	Cs	57178F
7	N	3050F8	31	Ga	C28F8F	56	Ba	00C900
7	^{15}N	105050	32	Ge	668F8F	57	La	70D4FF
8	O	FF0D0D	33	As	BD80E3	58	Ce	FFFFC7
9	F	90E050	34	Se	FFA100	59	Pr	D9FFC7
10	Ne	B3E3F5	35	Br	A62929	60	Nd	C7FFC7
11	Na	AB5CF2	36	Kr	5CB8D1	61	Pm	A3FFC7
12	Mg	8AFF00	37	Rb	702EB0	62	Sm	8FFFC7
13	Al	BFA6A6	38	Sr	00FF00	63	Eu	61FFC7
14	Si	F0C8A0	39	Y	94FFFF	64	Gd	45FFC7
15	P	FF8000	40	Zr	94E0E0	65	Tb	30FFC7
16	S	FFFF30	41	Nb	73C2C9	66	Dy	1FFFC7
17	Cl	1FF01F	42	Mo	54B5B5	67	Ho	00FF9C
18	Ar	80D1E3	43	Tc	3B9E9E	68	Er	00E675
19	K	8F40D4	44	Ru	248F8F	69	Tm	00D452
20	Ca	3DFF00	45	Rh	0A7D8C	70	Yb	00BF38

71	Lu	00AB24	84	Po	AB5C00	97	Bk	8A4FE3
72	Hf	4DC2FF	85	At	754F45	98	Cf	A136D4
73	Ta	4DA6FF	86	Rn	428296	99	Es	B31FD4
74	W	2194D6	87	Fr	420066	100	Fm	B31FBA
75	Re	267DAB	88	Ra	007D00	101	Md	B30DA6
76	Os	266696	89	Ac	70ABFA	102	No	BD0D87
77	Ir	175487	90	Th	00BAFF	103	Lr	C70066
78	Pt	D0D0E0	91	Pa	00A1FF	104	Rf	CC0059
79	Au	FFD123	92	U	008FFF	105	Db	D1004F
80	Hg	B8B8D0	93	Np	0080FF	106	Sg	D90045
81	Tl	A6544D	94	Pu	006BFF	107	Bh	E00038
82	Pb	575961	95	Am	545CF2	108	Hs	E6002E
83	Bi	9E4FB5	96	Cm	785CE3	109	Mt	EB0026

Patrón de coloreado "amino" para proteínas

La contraportada de este libro lo muestra en color.

Se indican abreviatura normalizada del aminoácido (identificador del residuo en el archivo **pdb**) y código hexadecimal del color (rojo, verde, azul: RRVVAA).

Ala	C8C8C8	Met	E6E600
Arg	145AFF	Phe	3232AA
Asn	00DCDC	Pro	DC9682
Asp	E60A0A	Ser	FA9600
Cys	E6E600	Thr	FA9600
Gln	00DCDC	Trp	B45AB4
Glu	E60A0A	Tyr	3232AA
Gly	EBEBEB	Val	0F820F
His	8282D2	Asx	FF69B4
Ile	0F820F	Glx	FF69B4
Leu	0F820F	otro	BEA06E
Lys	145AFF		

Patrón de coloreado "shapely" para proteínas y ácidos nucleicos

La contraportada de este libro lo muestra en color.

Se indican abreviatura normalizada del aminoácido (identificador del residuo en el archivo **pdb**) o del nucleótido, y código hexadecimal del color (rojo, verde, azul: RRVVAA).

Ala	8CFF8C	Ser	FF7042
Arg	00007C	Thr	B84C00
Asn	FF7C70	Trp	4F4600
Asp	A00042	Tyr	8C704C
Cys	FFFF70	Val	FF8CFF
Gln	FF4C4C	Asx	FF00FF
Glu	660000	Glx	FF00FF
Gly	FFFFFF	otro	FF00FF
His	7070FF		
Ile	004C00	A	A0A0FF
Leu	455E45	G	FF7070
Lys	4747B8	I	80FFFF
Met	B8A042	C	FF8C4B
Phe	534C52	T	A0FFA0
Pro	525252	U	FF8080

Patrón de coloreado "structure" para proteínas y ácidos nucleicos

Corresponde a la interpretación del tipo de estructura secundaria en proteínas y a la distinción entre DNA y RNA. La contraportada de este libro lo muestra en color.

Se indica el código hexadecimal del color (rojo, verde, azul: RRVVAA):

hélice α	FF0080	DNA	AE00FE
lámina β	FFC800	RNA	FD0162
giro (β)	6080FF		
otra	FFFFFF		

Patrón de coloreado por cadena

En archivos de formato **pdb** o equivalente que contienen más de una molécula en sentido químico (por ejemplo, un DNA bicatenario o una proteína con varias subunidades), la pertenencia de cada átomo a una de ellas se indica mediante un identificador de cadena. Jmol puede colorear cada una de esas cadenas con un color propio; los átomos de campos HETATM reciben un color algo más oscuro.

Se indica el código hexadecimal del color (rojo, verde, azul: RRVVAA).

Identificador	color para ATOM	color para HETATM	Identificador	color para ATOM	color para HETATM
A, a	C0D0FF	90A0CF	O, o	00CED1	00B6A1
B, b	B0FFB0	80CF98	P, p	00FF7F	00CF6F
C, c	FFC0C8	CF90B0	Q, q	3CB371	349B61
D, d	FFFF80	CFCF70	R, r	00008B	0000BB
E, e	FFC0FF	CF90CF	S, s	BDB76B	A59F5B
F, f	B0F0F0	80C0C0	T, t	006400	009400
G, g	FFD070	CFA060	U, u	800000	B00000
H, h	F08080	C05070	V, v	808000	B0B000
I, h	F5DEB3	C5AE83	W, w	800080	B000B0
J, j	00BFFF	00A7CF	X, x	008080	00B0B0
K, k	CD5C5C	B54C4C	Y, y	B8860B	E8B613
L, l	66CDAA	56B592	Z, z	B22222	C23232
M, m	9ACD32	8AB52A	*ninguno o*		
N, n	EE82EE	BE72BE	*numérico*	FFFFFF	FFFFFF

Nombres de color reconocidos

Son una combinación de colores de RasMol y colores de JavaScript. Se indica el código hexadecimal equivalente (rojo, verde, azul: RRVVAA).

aliceBlue	F0F8FF	darkSlateBlue	483D8B
antiqueWhite	FAEBD7	darkSlateGray	2F4F4F
aqua	00FFFF	darkTurquoise	00CED1
aquamarine	7FFFD4	darkViolet	9400D3
azure	F0FFFF	deepPink	FF1493
beige	F5F5DC	deepSkyBlue	00BFFF
bisque	FFE4C4	dimGray	696969
black	000000	dodgerBlue	1E90FF
blanchedAlmond	FFEBCD	fireBrick	B22222
blue	0000FF	floralWhite	FFFAF0
blueTint	AFD7FF	forestGreen	228B22
blueViolet	8A2BE2	fuchsia	FF00FF
brown	A52A2A	gainsboro	DCDCDC
burlyWood	DEB887	ghostWhite	F8F8FF
cadetBlue	5F9EA0	gold	FFD700
chartreuse	7FFF00	goldenrod	DAA520
chocolate	D2691E	gray / grey	808080
coral	FF7F50	green	008000
cornFlowerBlue	6495ED	greenBlue	2E8B57
cornSilk	FFF8DC	greenTint	98FFB3
crimson	DC143C	greenYellow	ADFF2F
cyan	00FFFF	honeydew	F0FFF0
darkBlue	00008B	hotPink	FF69B4
darkCyan	008B8B	indianRed	CD5C5C
darkGoldenrod	B8860B	indigo	4B0082
darkGray	A9A9A9	ivory	FFFFF0
darkGreen	006400	khaki	F0E68C
darkKhaki	BDB76B	lavender	E6E6FA
darkMagenta	8B008B	lavenderBlush	FFF0F5
darkOliveGreen	556B2F	lawnGreen	7CFC00
darkOrange	FF8C00	lemonChiffon	FFFACD
darkOrchid	9932CC	lightBlue	ADD8E6
darkRed	8B0000	lightCoral	F08080
darkSalmon	E9967A	lightCyan	E0FFFF
darkSeaGreen	8FBC8F	lightGoldenrodYellow	FAFAD2

Apéndices: colores

lightGreen	90EE90	paleVioletRed	DB7093
lightGrey	D3D3D3	papayaWhip	FFEFD5
lightPink	FFB6C1	peachPuff	FFDAB9
lightSalmon	FFA07A	peru	CD853F
lightSeaGreen	20B2AA	pink	FFC0CB
lightSkyBlue	87CEFA	pinkTint	FFABBB
lightSlateGray	778899	plum	DDA0DD
lightSteelBlue	B0C4DE	powderBlue	B0E0E6
lightYellow	FFFFE0	purple	800080
lime	00FF00	red	FF0000
limeGreen	32CD32	redOrange	FF4500
linen	FAF0E6	rosyBrown	BC8F8F
magenta	FF00FF	royalBlue	4169E1
maroon	800000	saddleBrown	8B4513
mediumAquamarine	66CDAA	salmon	FA8072
mediumBlue	0000CD	sandyBrown	F4A460
mediumOrchid	BA55D3	seaGreen	2E8B57
mediumPurple	9370DB	seashell	FFF5EE
mediumSeaGreen	3CB371	sienna	A0522D
mediumSlateBlue	7B68EE	silver	C0C0C0
mediumSpringGreen	00FA9A	skyBlue	87CEEB
mediumTurquoise	48D1CC	slateBlue	6A5ACD
mediumVioletRed	C71585	slateGray	708090
midnightBlue	191970	snow	FFFAFA
mintCream	F5FFFA	springGreen	00FF7F
mistyRose	FFE4E1	steelBlue	4682B4
moccasin	FFE4B5	tan	D2B48C
navajoWhite	FFDEAD	teal	008080
navy	000080	thistle	D8BFD8
oldLace	FDF5E6	tomato	FF6347
olive	808000	turquoise	40E0D0
oliveDrab	6B8E23	violet	EE82EE
orange	FFA500	wheat	F5DEB3
orangeRed	FF4500	white	FFFFFF
orchid	DA70D6	whiteSmoke	F5F5F5
paleGoldenrod	EEE8AA	yellow	FFFF00
paleGreen	98FB98	yellowGreen	9ACD32
paleTurquoise	AFEEEE	yellowTint	F6F675

Glosario

Fuentes citadas:

- DRAE: Diccionario de la Lengua Española, Real Academia Española,
  http://buscon.rae.es/draeI/

- ORCA: Glosario de términos de informática del Proyecto ORCA,
  http://quark.fe.up.pt/cgi-bin/orca/glosario/

- W3C: Consorcio World Wide Web,
  http://www.w3.org/

- Wikipedia: en español, http://es.wikipedia.org/; en inglés, http://www.wikipedia.org/

applet

- En español se traduce como "miniaplicación" o "aplique". *Véase* miniaplicación.

aplicación

- "*Inform.* Programa preparado para una utilización específica, como el pago de nóminas, formación de un banco de términos léxicos, etc." [DRAE]

- En este manual, aplicación **Jmol**, modalidad de Jmol que se ejecuta como un programa autónomo en el ordenador (por contra, la miniaplicación **JmolApplet** es la modalidad que sólo puede usarse como parte de una página web).

Chime

- Un programa creado por la empresa MDL (*Molecular Design Limited*, ahora integrada en *Elsevier*) para mostrar modelos moleculares interactivos dentro de páginas web. Técnicamente, Chime es un conector (*plug-in*) para el navegador, cuyo funcionamiento es casi igual al del programa autónomo RasMol, en el que se basa. Debido a su escasa compatibilidad con varios navegadores modernos, la creación de páginas web con Chime ha disminuido en gran medida en los últimos años. Aunque está disponible gratuitamente, es un programa propietario, por lo que no ha sido posible adaptarlo a los nuevos navegadores. A partir de su versión 10, Jmol se hizo compatible con el lenguaje de instrucciones de RasMol y Chime para que pueda ser un sustituto de éste en la elaboración de páginas web.

consola

- Un espacio donde el usuario puede escribir instrucciones para ser ejecutadas por un programa. Jmol proporciona una consola, similar para la aplicación y la miniaplicación, accesible desde los menús superior y emergente, en la que el programa admite todas las instrucciones del lenguaje de guiones y en la que se muestra información resultante de las acciones ejecutadas en el programa.

CPK = Corey, Pauling, Koltun

- Un esquema de coloreado usado convencionalmente por los químicos, que se basa en los colores de los populares modelos de esferas de plástico desarrollados por Corey y Pauling, y más tarde mejorados por Koltun.

CSS = *Cascading Style Sheets*, hojas de estilo en cascada

- "Un mecanismo sencillo para añadir estilo (por ej., tipografía, colores, espaciado) a los documentos web." [Traducido de W3C]
- "Un lenguaje formal usado para definir la presentación de un documento estructurado escrito en HTML o XML (y por extensión en XHTML)." [Citado de Wikipedia]

HTML = *HyperText Markup Language*, lenguaje de marcas hipertextuales

- El lenguaje básico que conforma la mayoría de páginas web.

- "Lenguaje de marcación diseñado para estructurar textos y presentarlos en forma de hipertexto, que es el formato estándar de las páginas web." [Citado de Wikipedia]

- "HTML es la lengua franca para la publicación de hipertexto en internet (*World Wide Web*). Se trata de un formato no propietario basado en SGML, y puede crearse y procesarse mediante diversas herramientas, desde simples editores de texto hasta herramientas de autoría sofisticadas. HTML utiliza etiquetas (*tags*), tales como <h1> y </h1>, para dar al texto estructura de titulares, párrafos, listas, enlaces hipertextuales, etc." [Traducido de W3C]

Java

(Java es una marca registrada de Sun Microsystems, Inc.)

- Un lenguaje para construir programas que se pueden utilizar independientemente del sistema operativo que utilice el ordenador del usuario.

- "Diversos productos de *software* para ordenador y especificaciones de Sun Microsystems que, en conjunto, proporcionan un sistema para el desarrollo y entrega de aplicaciones compatibles con diversas plataformas." [Traducido de Wikipedia]

JavaScript

- Un lenguaje de programación que permite escribir páginas web cuyo contenido se modifica de forma interactiva dependiendo de las acciones del usuario.

- "Nombre de una implementación de la norma ECMAScript por parte de Netscape Communications Corporation y luego de la Fundación Mozilla. ECMAScript es un lenguaje de guiones basado en el concepto de programación basada en prototipos. Es más conocido por su uso en sitios web (en forma de JavaScript del lado cliente), pero también se usa para permitir acceso a objetos incrustados en otras aplicaciones. A pesar del nombre, JavaScript sólo se relaciona de forma lejana con el lenguaje de programación Java." [Traducido de Wikipedia]

miniaplicación

- *"Inform.* Programa en Java, ejecutable por un navegador. Asimismo, cualquier pequeño programa que se acopla a un sistema." [ORCA]
- En este manual, miniaplicación JmolApplet, modalidad de Jmol que se ejecuta sólo como parte de una página web (por contra, la aplicación Jmol es la modalidad que se usa como un programa autónomo en el ordenador).

mol

- Formato de archivo de coordenadas moleculares utilizado en el *software* de la empresa MDL (*véase* Chime). Se denomina también "MDL molfile". Su uso es además muy frecuente en otros entornos, para moléculas de pequeño tamaño. Incluye coordenadas y enlaces, limitado a 1000 átomos. Admite varios modelos en un solo archivo (formato sd o sdf).

PDB = Protein Databank

- Principal base de datos internacional que almacena estructuras de proteínas, ácidos nucleicos, complejos entre ambos y algunas otras macromoléculas. Está disponible libre y gratuitamente a través de internet, en http://www.pdb.org/

pdb

- Formato de archivo de coordenadas atómicas utilizado por la base de datos PDB; se ha convertido en uno de los estándares incluso fuera de ella. Las versiones recientes de la base de datos propugnan su sustitución por el formato mmcif, con mejores prestaciones, pero el uso de éste está por ahora mucho menos extendido. Incluye gran cantidad de información de cada átomo, residuo y molécula, además de las coordenadas. Una de sus variantes admite varios modelos en un solo archivo (utilizada, por ejemplo, en experimentos de RMN).

RasMol

- Un programa para mostrar modelos moleculares interactivos en ordenadores personales, con funcionalidad similar a Jmol[1]. Sólo existe como programa autónomo o aplicación (la miniaplicación equivalente es Chime). Está disponible de forma gratuita (http://www.rasmol.org/) y las versiones recientes son de código abierto bajo licencia GNU-GPL.

  Nota 1: la versión 11 de Jmol incorpora numerosas prestaciones inexistentes en RasMol, particularmente en áreas específicas como cristalografía, vibración, orbitales, superficies, dibujo o gestión de variables.

xyz

- Formato de archivo de uso frecuente para moléculas de pequeño tamaño. Originalmente se diseñó para el programa XMol de *Minnesota Supercomputer Institute*, pero ha sido copiado o adaptado en muchos otros entornos. Sólo incluye coordenadas, pero se han desarrollado extensiones que incluyen, por ejemplo, información vibracional. Admite varios modelos en un solo archivo.

Direcciones web de referencia

http://www.jmol.org/
> Sede web de Jmol. Es el punto principal de acceso a toda la información.

http://wiki.jmol.org/
> Wiki de Jmol (espacio de intercambio de la comunidad de usuarios).

http://chemapps.stolaf.edu/jmol/docs/
> "Documentación de guiones interactivos", guía completa de referencia del lenguaje de instrucciones de Jmol (enlazada desde la sede web).

http://wiki.jmol.org:81/index.php/Literature
> Publicaciones que describen Jmol o su uso (parte de la wiki).

http://wiki.jmol.org:81/index.php/Websites_Using_Jmol
> Recopilación de sitios web que utilizan Jmol (parte de la wiki).

http://wiki.jmol.org:81/index.php/Journals_Using_Jmol
> Recopilación de revistas que utilizan Jmol para ilustrar sus artículos (parte de la wiki).

http://wiki.jmol.org:81/index.php/Books_Using_Jmol_In_Figures
> Recopilación de libros que utilizan Jmol para ilustrar su contenido (parte de la wiki).

http://biomodel.uah.es/
> Sede web del autor: *Biomodel – páginas de complemento al estudio de bioquímica y biología molecular.*

http://biomodel.uah.es/Jmol/
> Sección dedicada a diversos aspectos, más bien técnicos, del desarrollo de materiales usando Jmol.

http://biomodel.uah.es/Jmol/manual/
> Página web de acompañamiento a este libro; incluirá materiales accesorios, corrección de erratas, actualizaciones, etc.

Índice de instrucciones y palabras clave

L

label · 68
ligand · 59
load · 49, 51

M

mainchain · *Véase* backbone, parte
   de la molécula
measure · 93
measurement · 93
meshRibbon · 52
model
   patrón de color · 76
monitor · 93
monomer · 76
move · 90
moveTo · 90

N

neutral · 59
not · 62
nucleic · 59

O

opaque · 76
operadores
   lógicos · 62
   matemáticos · 62
or · 62

P

partialCharge · 76
polar · 59
protein · 59
purine · 59
pyrimidine · 59

R

relativeTemperature · 76
reset · 51
resNo · 58
restrict · 64
ribbon · 52
ribbonBorder · 73
rna · 59
rocket · 52
rotate · 82
rubberBand · 32

S

script · 50
select · 64
selected · 62
set · 71
shapely · 54, 76
sheet · 59
show orientation · 92
showMultipleBonds · 79
sidechain · 59, 81
slab · 33
SMILES · 56
solvent · 59
spacefill · 51
spin · 82
ssBond · 66, 81
strand · 52, 74
strandCount · 74
structure
   patrón de color · 54, 76
substructure · 56

T

temperature · 76
trace · 52
translate · 85
translucent · 76
turn · 59

www.ingramcontent.com/pod-product-compliance
Lightning Source LLC
La Vergne TN
LVHW042336060326
832902LV00006B/213